MANUAL DE PRÁCTICAS

Rito de paso para jóvenes modernas

Dafne Arias Rodríguez

ÍNDICE

SER MUJER ES CUESTIÓN
DE PRÁCTICA

Madres, maestros y guías de adolescentes se enfrentan a la difícil tarea de educar a las jóvenes con el objetivo de que se amen y respeten. Mientras tanto, los medios masivos de comunicación ofrecen una imagen decadente del cuerpo, la sexualidad y el rol de la mujer en la sociedad posmoderna. Así, las jóvenes crecen con ideas insanas que las desconectan de su dimensión sagrada. Muchas veces las hacen masculinizarse o entregarse a cualquiera, sólo para pertenecer y "ser correctas", en una sociedad enferma que ha olvidado honrar la vida.

Quienes deben orientar a las jóvenes han recibido a su vez las mismas ideas distorsionadas; o quizás aún no terminen de concebir una imagen sana de la feminidad. Esto los hace incapaces de guiar en esta importante etapa de paso de la infancia a la adultez, mal llamada "adolescencia", y de ofrecer una instrucción que brinde poder y amor a las jóvenes.

Definitivamente es posible llevar a cabo esta guía eficaz. ¿De qué manera? Tomando consciencia del verdadero lugar de la mujer y adquiriendo nuevas prácticas que conduzcan a transformar la relación con lo femenino.

Creé este manual como parte del rito de paso descrito en el libro *Acompáñala a hacerse Mujer*, donde se encuentra la base teórica que da origen a este texto de prácticas. Aquí se pone el énfasis en la acción. La persona es la protagonista de su transformación, dueña de su cuerpo y su destino, a través de acciones que desarrollen los hábitos sanos del ser mujer. Porque estoy convencida de que es en la cotidianidad (con nuestras acciones) donde retomamos las riendas de nuestra propia vida.

Es una guía paso a paso de charlas y prácticas con las jóvenes, para llevarlas hacia una conciencia profunda de los procesos de su cuerpo, de tal modo que puedan gestionar naturalmente su fertilidad, al integrar prácticas físicas, psicológicas y espirituales que las hagan dueñas y señoras de su propio destino.

Además del trabajo sobre el amor propio, ellas adquirirán conciencia de su masculino interior, y una resignificación de las relaciones entre féminas como hermandad sagrada elemental.

Un día odié mi menstruación, usé tacones, maquillaje, anticonceptivos hormonales y quise cambiar partes de mi cuerpo. La sociedad, con sus ideas patriarcales, me enseñó a odiarme. Hoy, tras diez años de mucho trabajo interior y de labor con otras mujeres, aprendí a amarme como soy. He estudiado diversas técnicas; he aprendido de las indígenas colombianas, de las plantas, de maestras y amigas, hasta lograr reconocer mi propia sabiduría. Y confío en que la medicina que me sanó, también ayudará a otras mujeres a transformarse. Así nació este rito de paso que ha acompañado a muchas jóvenes de diversos países a recordarse sagradas.

CÓMO USAR ESTE LIBRO

El libro de prácticas que tienes en tus manos hace parte del rito de paso para jóvenes modernas *Acompáñala a hacerse mujer*. La idea es que se realicen nueve encuentros con las jóvenes, con la frecuencia convenida: puede ser semanal, quincenal o mensual.

Es posible realizar este Rito de Paso con la joven y su madre, sólo si la nueva mujer se siente a gusto de compartirlo con su progenitora.

En el encuentro se habla sobre el tema descrito en el libro de teoría y se realiza un círculo de intercambio, donde las jóvenes expresan su opinión sobre lo expuesto. Además, se propone como actividad para realizar en casa la práctica del módulo correspondiente al presente libro.

En cada módulo hablaremos de nuevos temas con la joven y daremos un espacio para conversar sobre la realización de las actividades propuestas en el encuentro precedente, de tal manera que podamos acompañarla en la resolución de las emociones suscitadas por las prácticas.

La ceremonia que finaliza el rito de paso está descrita en el Módulo X, y se realizará con la joven y su madre, o la persona adulta que sea su tutor/a.

Es posible encontrar los audios de las meditaciones en la página **web www.matrizenflor.com** en la sección "Recursos del Rito de Paso".

PRÁCTICAS MÓDULO 1:
RITOS DE PASO

En este módulo hablamos con la joven sobre lo que es un rito de paso y sobre cómo lo hacen las culturas tradicionales. Iniciamos nuestras prácticas con la creación de un espacio sagrado: el altar personal; un espacio para honrar su espiritualidad, amarse y dedicar tiempo a cultivarse para sentirse en armonía consigo misma y con el universo mediante prácticas básicas con los elementos.

Ejercicio Altar

Hasta aquí hemos compartido información con la joven acerca de los ritos de paso. Esta primera charla inicia nuestro propio rito de paso. La invitamos a crear un altar en su propio hogar, en su habitación, y siempre en su corazón: un altar que alimente lo sagrado dentro de sí misma y le brinde la dimensión de su propia sacralidad.

Un altar es un punto de encuentro entre el mundo invisible de lo sagrado y el mundo visible (que también es sagrado), en el que nos movemos habitualmente. El altar es una representación de todo aquello que conforma estos dos mundos: un lugar de apreciación, de gratitud, de oración.

Las mujeres somos rituales por naturaleza, espirituales, energéticas e intuitivas, y este primer acercamiento al mundo de la mujer es una invitación a descubrir su conexión con lo sagrado.

Crear el altar propio es un paso hacia el alineamiento con el poder que yace en ella: el poder del misterio; que es el mismo con el que la naturaleza recrea la vida; el poder con el que las palabras dan forma a las cosas; el poder primordial del mundo de los sueños.

Le propondremos crear este espacio en su hogar; que sean sus emociones y su intuición las que la guíen en el proceso de creación del altar para ella misma. Este ejercicio es una activación del poder personal en el mundo del subconsciente; pues lo simbólico, representado en los elementos del altar, es el lenguaje del alma que habla al inconsciente para dar forma al mundo físico.

En este sentido, el altar es una representación del universo en macro y una alegoría de nuestro propio poder creador, ya que todo proceso constructivo se fundamenta en la interacción de estos cuatro elementos de la naturaleza que nutren, activan y gestionan sus fuerzas mutuamente. De su equilibrio depende la vida misma.

Nuestra vida es en sí misma un ritual, nos demos cuenta de ello o no. A diario realizamos cientos de acciones cargadas de un simbolismo personal, a las que cada quien les da el valor que estas poseen en su corazón. La creación del altar es una invitación a crear el propio universo, sumergirse en él, amarlo, respetarlo, honrarlo. Como es su propio universo, debe estar presidido por una fotografía de ella, el ser a quien honrará a través de este trabajo místico creativo.

El altar está conformado por los elementos básicos que sustentan la realidad entera:

Tierra, como manifestación primaria de la realidad material. En nosotras es nuestro cuerpo físico; y en lo profundo, nuestros huesos, los que sostienen toda la estructura del cuerpo. La tierra es la que nos alimenta y sostiene: es nuestro hogar. Tener la presencia de la tierra en nuestro altar es llevar el poder creador de esta gran madre que habitamos. Puede ser representada con semillas, piedras, cristales, flores o plantas. La tierra es nuestro mundo básico. A través del trabajo con este elemento, la nueva mujer activará su fuerza creadora para manifestar todo aquello que desea en el mundo material. Tal como la tierra, ella misma es una mujer creadora de vida y nutricia por naturaleza. En el libro se proponen varias prácticas con este elemento.

Fuego, como expresión de nuestro espíritu. La chispa divina que nos habita es como este elemento, que da fuerza y vida a nuestra carne. Si la tierra, en nuestra alegoría macrocósmica es la que nos sostiene, el sol (fuego) es el encargado de calentarla, de activarla y hacer crecer los alimentos. Para los alquimistas y muchas de las culturas iniciáticas, el fuego tiene el poder de "encender" y transformar. El fuego puede poner en marcha las cosas, acelerar los procesos y transmutar todo aquello que deseamos realizar mediante su fuerza. En este sentido el fuego es una energía masculina que activa y cataliza cuanto toca. En el altar estará representado por una o varias velas. Con el elemento fuego ella puede activar un proceso en su vida, quemar algo que desee transformar, e incluso realizar un trabajo de meditación con la llama. Al fuego se le puede pedir visión interna clara, iluminar el camino y fuerza para distintos propósitos.

Agua, como sustento de la vida, representada en nuestro cuerpo por la sangre; y en las mujeres, por la sangre contenida en nuestro útero, que renueva la posibilidad de vida cada mes. Las aguas en nosotras son nuestras emociones que, a veces, son un remanso amoroso y, en ocasiones, borrascas que desatan tormentas; por ello la presencia del agua en nuestro altar. El agua, tal como la leche materna, da vida a las plantas. Del mismo modo, nuestras emociones son el cauce de nuestras vidas. El agua es un elemento femenino. En el planeta está regida por la luna, gracias a cuya influencia las mareas crecen o decrecen. La luna también influye en los seres humanos, alterando nuestros estados emocionales, es decir, nuestras aguas internas. Gracias al trabajo del Dr. Emoto Masaru, "La vida secreta del Agua", editorial Aguilar 2008, hoy sabemos que el agua tiene memoria y, por lo tanto, podemos programarla con un fin específico.

Aire, como elemento comunicador. El aire es el soplo de vida. En nosotras se hace evidente a través de la palabra. El aire pone en movimiento las cosas, refresca y porta información. Asimismo, el aire expresa nuestros pensamientos y palabras. Este es uno de los elementos menos fuertes que tenemos las mujeres, ya que se nos ha silenciado por siglos. Es importante trabajar en nuestra expresión a través de cantos, o del uso de algún instrumento, para desbloquear nuestras voces. La mente también es aire. En la sociedad en que vivimos no se nos enseña a aquietarla y controlarla; más bien es ella, la mente desbocada, quien controla nuestra vida. Por lo tanto, en nuestro altar sería óptimo realizar meditaciones y representar este elemento con plumas e inciensos.

El trabajo con el altar es una constante de activación espiritual; cada día hemos de visitarlo, limpiarlo y activar en él los elementos. Proponemos aquí el trabajo con los cuatro elementos, con prácticas cotidianas de conexión elemental. Mantener el contacto con nuestro altar es el eje transversal de todo nuestro rito de paso, ya que es a través de la activación de la espiritualidad de la joven que se logrará el cometido, así ella comprenderá y aprovechará las cualidades de sus elementos internos, así como integrará su dimensión divina a la vida. Hemos de aclarar que no es un trabajo religioso, por lo que cualquiera puede realizar las prácticas, continuando adelante con sus creencias religiosas.

Algunas recomendaciones

Siempre que se enciende una vela se coloca en ella una intención; pues si tenemos en cuenta que el fuego es el espíritu y fuerza primordial, en caso de que nosotras no le pongamos una intención, las fuerzas de la oscuridad, que también están presentes a nuestro alrededor, pueden usar esta fuerza para sus fines. En lo posible se debe dejar consumir la vela por completo. En caso de ser necesario apagarla, no se sopla, sino que se ahoga la llama con un apagador, o humedeciendo los dedos índice y pulgar. Al apagarla se agradece por la realización de nuestra intención y se pide la permanencia de la luz en tu intención.

Se debe cambiar el agua diariamente. Esta es el agua ofrendada a la divinidad, por tanto, ha de permanecer limpia y fresca; en lo posible que corra como en una fuente. Recordemos que representa nuestras emociones. Siempre entregar el agua de cambio a las plantas, no tirarla.

Debe mantenerse el altar limpio y ordenado. En él se realizará nuestro trabajo con los elementos, lo que describiremos a continuación.

Trabajo con los elementos

La propuesta del trabajo con los elementos busca equilibrar a la mujer mediante la armonización de sus elementos internos. La idea es realizar estas pequeñas prácticas de manera cotidiana con el objetivo de tomar fuerza, centro y poder de los elementos que viven dentro y fuera de nosotros y en los que está sustentado el universo entero.

Práctica con la tierra: Enraizamiento

El ejercicio que propongo a continuación brindará a la mujer una conexión muy profunda entre ella misma, su útero y la tierra.

Si tenemos en cuenta que somos parte de la naturaleza como todo lo que existe en el planeta, seremos conscientes de que nos hemos desconectado de la fuerza vital que emerge del interior de nuestro hogar estelar. Por una parte, el ejercicio de enraizamiento nos conecta brindándonos un eje con la fuerza nutricia de la tierra; y por otra, esta pulsión que entra directamente a través de nuestro segundo chacra, sana el linaje femenino y alinea nuestro útero con la energía creadora que comparte con el planeta.

Esta práctica ha de realizarse diariamente por aproximadamente quince minutos. Lo óptimo es que se haga con los pies descalzos sobre la tierra. Sin embargo, puede hacerse en cualquier lugar (aun en pisos superiores).

Pídele a la joven que busque un lugar cómodo y sin interrupciones. Puede sentarse o estar de pie; siempre con la espalda recta, sin cruzar pies ni manos y con los ojos cerrados:

1. Centrarse en la respiración, inhalando y exhalando lentamente hasta encontrarse en plena presencia en el cuerpo físico y centrada.

2. Fijar su conciencia en el segundo chacra, a medio camino entre el ombligo y la base de la espina dorsal. Dile que visualice un tubo o cordón espiral de luz emergiendo del segundo chacra. (Si el ejercicio lo realiza un hombre, la raíz debe salir de su primer chacra).

3. Con cada inspiración se ha de visualizar la raíz extendiéndose hacia la tierra, traspasando las capas terrestres hasta llegar al centro magnético del planeta.

4. Al llegar al núcleo, ella engancha su raíz allí. Con cada inspiración, ella toma la fuerza de la tierra y asciende a través de su columna vertebral hasta su coronilla (séptimo chacra), extendiéndola hasta el cielo.

5. Continúa inspirando y exhalando por quince minutos y sintiendo esta fuerza que entra a través de su útero, lo nutre y vivifica.

6. Al final, puede abrir los ojos y agradecer esta conexión.

7. Cuando nos acostumbramos a estar enraizadas, podemos sentir este eje tierra (madre)-sol (padre), aun cuando estemos trabajando, caminando o sobre algún vehículo.

Práctica con el aire: Nuestra voz

La voz de las mujeres ha sido acallada por siglos. Esto ha ocasionado pérdida de fuerza y de credibilidad en nuestra propia voz, por lo que es fundamental realizar una toma de poder desde la voz. Cuando hablamos de voz, nos referimos también a aquella que habita en nuestra mente. Por ello es fundamental escuchar nuestro discurso interno, para transformar todos aquellos pensamientos que nos alejan del amor y el poder propios.

Por otra parte, es necesario dar fuerza y voz a aquello que deseamos. En este sentido, recomiendo realizar dos prácticas. La primera es crear o aprender una canción que sea de alguna manera nuestro himno personal, y en cuya letra podamos ver reflejados nuestro valor propio y el amor hacia nosotras mismas.

Verbalizar: soy dueña y señora de mi cuerpo, mis emociones, mis pensamientos y mi voz. Estoy caminando hacia la realización de mis sueños, con plena confianza en mí y en la vida que me sostiene.

Práctica con el agua: Memoria

Cada día, cuando entres en contacto con el agua, sea a través de la ducha, con cualquier bebida o sumergiéndote en ella (río o piscina), agradece a este preciado líquido por estar ahí para ti. De esta forma estarás entrando en contacto con tus aguas internas y llenándote de gratitud.

El agua es un elemento que guarda memorias. Por lo tanto, es fácil registrar en ella una información; y dado que nuestros cuerpos contienen un 70% de agua, la idea es informar nuestra agua interior con la programación de agua.

Esto podemos hacerlo de tres maneras diferentes:

1. Colocar una nota con una palabra sobre el agua de nuestro altar en la mañana, y beberla a última hora del día, para introducir esta información en nosotros. Registraremos palabras positivas en el agua como *gracias, amor,* paz, *armonía, solidaridad,* etc.
2. Escribir directamente sobre nuestro cuerpo aquello que quisiéramos manifestar.
3. Decir al agua aquello de lo que deseamos informarla, y después beberla.

Práctica con el fuego: La flama interior

Cada día encenderemos el fuego de nuestro altar y el de nuestro propio fuego interior con un propósito. Lo haremos de la siguiente manera:

1. Sentada, cierra los ojos y coloca toda tu atención en la respiración.

2. Inhala y exhala conscientemente 3 veces.

3. En la próxima exhalación siente o imagina cómo de tus pies empiezan a emerger raíces; continúa haciendo crecer las raíces en varias exhalaciones.

4. Cuando tus raíces alcancen el centro de la tierra, te anclas en este centro donde reside un fuego milenario.

5. Desde este momento empiezas a inhalar la fuerza de la tierra imaginando esta energía como fuego, inhala llevando este fuego hacia tu útero, encendiendo allí tu centro sexual; inhalas haciendo crecer este fuego y exhalas expandiéndolo por todo tu cuerpo (mínimo 7 respiraciones).

6. En la última inhalación exhalas por tu corona, desde donde se extenderá un canal hasta el sol, y te anclas en él.

7. Empiezas a inhalar el fuego del padre sol y lo llevas a tu corazón, encendiendo allí el centro espiritual, y al exhalar lo expandes por todo tu cuerpo (mínimo 7 respiraciones).

8. Inhalas desde tus raíces, tu antena conectando y vivificando la flama en tu útero y corazón, enlazando estos dos centros.

9. Por último, sientes o visualizas cómo toda tu columna vertebral es un canal luminoso que se extiende por tu cabeza y tus pies, formando un toroide en torno a ti.

10. Permaneces en silencio, percibiendo la energización de todo tu cuerpo y tu esfera divina.

Es importante que la joven lleve a cabo un ejercicio de observación del movimiento interior de sus elementos, y que vea cómo cambia el equilibrio de los mismos con las prácticas. La idea de establecer contacto con nuestros elementos interiores es iniciar una relación alquímica con ellos, que hará crecer la relación consigo misma, así como la relación con los demás.

PRÁCTICAS MÓDULO 2: LOS CICLOS

La vida en el universo se sustenta en ciclos, cambios perpetuos que generan, sostienen y renuevan la existencia. En este módulo trabajaremos sobre el ciclo reproductivo de la joven. Por medio de la observación, y con la práctica de *la Bitácora de la Luna*, se determinará cómo la danza de las hormonas afecta a todas las esferas de la vida de la joven. Esto es necesario para que ella se conozca y se sienta segura con los cambios que experimenta cada mes.

También proponemos la creación de un objeto, la *caja de la infancia*, para cerrar el primer ciclo vital de la joven en conciencia, gratitud y amor.

La Bitácora de la Luna

Así como los marinos registran el desarrollo de sus viajes para dejar constancia de lo ocurrido, nuestra bitácora es un cuaderno de ruta en el viaje de autoconocimiento que inicia la nueva mujer.

Entregaremos a la joven su *Bitácora de la Luna*, con el objetivo de que aprenda a conocer el ritmo de su cuerpo y comprenda cómo cada momento de su nuevo ciclo influye en las demás áreas de su vida. Este registro diario le brindará una sabiduría acerca de sus propios procesos emocionales, físicos y psicológicos. A su vez, le hará conocer en profundidad el momento óptimo para realizar determinada actividad, aprovechando la fluctuación de su marea interna. Conocer sus periodos de fertilidad será de gran provecho para programar **en consciencia** un posible embarazo a futuro.

El cuaderno debe tener como mínimo 100 páginas, dividido en tres series; cada página estará numerada de 1 a 28. En cada una se escribirán las categorías que la joven responderá. También pueden usarse los colores que se proponen en este texto, o imágenes relativas a cada categoría.

Prepararemos para ella un cuaderno que le acompañará los próximos 90 días. En él, la nueva mujer registrará su información personal día a día junto a los cambios de la luna. En encuentro relativo a la menstruación, le ofreceremos una explicación más detallada acerca de la sincronía de su ciclo menstrual con el ciclo lunar de 28 días. Además, se comprenderán en plenitud las 4 fases o momentos determinados por el influjo hormonal en su organismo.

Dado que cada ciclo menstrual es de 28 días (aproximadamente) las mujeres pasan por cuatro fases diferentes, sería conveniente registrar el nombre de cada ciclo, junto con la fase que atraviesa la luna y los siguientes datos:

Día 1	Fecha _____________	Menstrual	Luna _____________
Día 8	Fecha _____________	Pre-ovulación	Luna _____________
Día 14	Fecha _____________	Ovulación	Luna _____________
Día 22	Fecha _____________	Premenstrual	Luna _____________

PE	Pensamientos	Recurrentes, mensajes subconscientes, intuiciones, proyectos, etc.
SE	Sentimientos	Alegría, tristeza, regocijo, frustración, enojo, paz, rabia, etc.
SU	Sueños	Personas, eróticos, animales, colores, situaciones, mensajes, etc.
CR	Creatividad	Más o menos inspiración, nulo, ideas, avance en creación, etc.
SX	Sexualidad	Sensual, pasiva, erótica, nula, apasionada, etc.
E2	Energía	Dinamismo, pereza, cansancio, fuerza, etc.
PR	Productividad	Avance en metas o retroceso en las mismas, etc.
AL	Alimentación	Antojo o rechazo por algún alimento
SA	Salud	Dolor en los senos, vitalidad, diarrea, estreñimiento, etc.
RE	Relaciones	Peleas, encuentros, reconciliaciones, cuidados, mimos, etc.
EV	Eventos	Inicios/finales, salidas, deportes, etc.
RO	Ropa	Estilos, colores, etc.

La idea es registrar los hechos más relevantes en cada categoría. Partimos de lo más íntimo que ocurre en su mente y en su corazón, lo que luego pasa por su cuerpo y se refleja en el exterior a través de acontecimientos y en las relaciones de su vida. Al completar el ejercicio de observación durante los tres meses podremos utilizar el mapa de la bitácora lunar de la página 24, o crear uno propio, así la joven tendrá una guía de sus ritmos personales.

Si tienes una relación cercana y de confianza con ella, tras recopilar la información, podrás descubrir junto a la joven la aparición de los patrones recurrentes, que no ocurren con exactitud cronométrica, dado que somos seres cambiantes y fluimos cada una a un ritmo proprio. Reconocer estas pautas le permitirán descubrir sus ritmos, sus reacciones y cambios físicos. De esta manera ella sabrá como se encuentra en cada momento de su ciclo, lo comprenderá e integrará a su proceso de autoconocimiento.

Quizá pueda parecer ardua la tarea con la *Bitácora de la Luna*. Sin embargo, esta sabiduría le llenará de confianza. Le llevará a explorarse, conocerse y, por supuesto, adueñarse de su propio ritmo con amor y aceptación. Por lo tanto, los frutos de la *Bitácora de la luna* se reflejarán en la autonomía, independencia y poder personal de la nueva mujer, por lo que constituye una gran herramienta para ella.

Es importante que presentemos la *Bitácora de la Luna* con mucho tacto y amor para que ella no la perciba como un intento de husmear en su privacidad, sino como un instrumento para la comprensión de sí misma. Por lo tanto, si no tenemos una relación muy cercana con ella, le brindaremos las pautas para que lo haga sola. Luego podremos hacer una nueva reunión en los próximos entre 45 y 90 días para observar si ha logrado reconocer algunas pautas personales.

Mapa Bitácora Lunar

A los 90 días de iniciada esta recopilación de información, tendremos el material necesario para reunir todo esto en nuestro mapa personal, un único esquema en el que unificamos la información preponderante, tal como se muestra en el ejemplo de la próxima página (pág. 25).

En el centro se colocamos la fotografía o el nombre de la joven y partimos observando cuáles son los hechos, palabras o imágenes más recurrentes, registrándolas en la sección correspondiente. De esta manera analizamos la primera semana de cada ciclo en busca de los pensamientos recurrentes y consignamos en el color que corresponde los que consideremos pertinentes. Lo mismo se hace con las demás categorías (emociones, sexualidad, salud, etc.). Después hacemos el mismo análisis para la segunda semana (etapa preovulatoria) por cada una de las secciones (sentimientos, sueños, creatividad, sexualidad, energía, productividad, alimentación, etc.). De igual forma para la tercera (etapa ovulatoria) y cuarta semana (etapa premenstrual).

Como la vida es un continuo flujo de pensamientos, emociones, ideas, acontecimientos, observaremos junto a ella cómo va ocurriendo una transformación paulatina desde el primer día del ciclo, momento de la llegada de la menstruación, hasta el día 28 del mismo, es decir, un día antes de la próxima menstruación. Al realizar este esquema, queda configurado en el papel el movimiento transformador que se ha dado en la vida de la nueva mujer.

En los próximos capítulos veremos cómo estos cambios paulatinos, tanto externos como internos, tienen lugar debido a la acción de las hormonas, que trabajan sin tregua para generar la vida en nuestro vientre. Y también observaremos cómo al adueñarnos de este conocimiento podremos aprovechar y disfrutar la influencia hormonal con el objetivo de dar vida a nuestros procesos evolutivos, proyectos mentales, físicos y materiales. Otra de las ventajas de este ejercicio es que la joven no estará a merced de sus emociones, sino en plena potestad de ellas.

Bitácora Lunar para hacer el mapa personalizado:

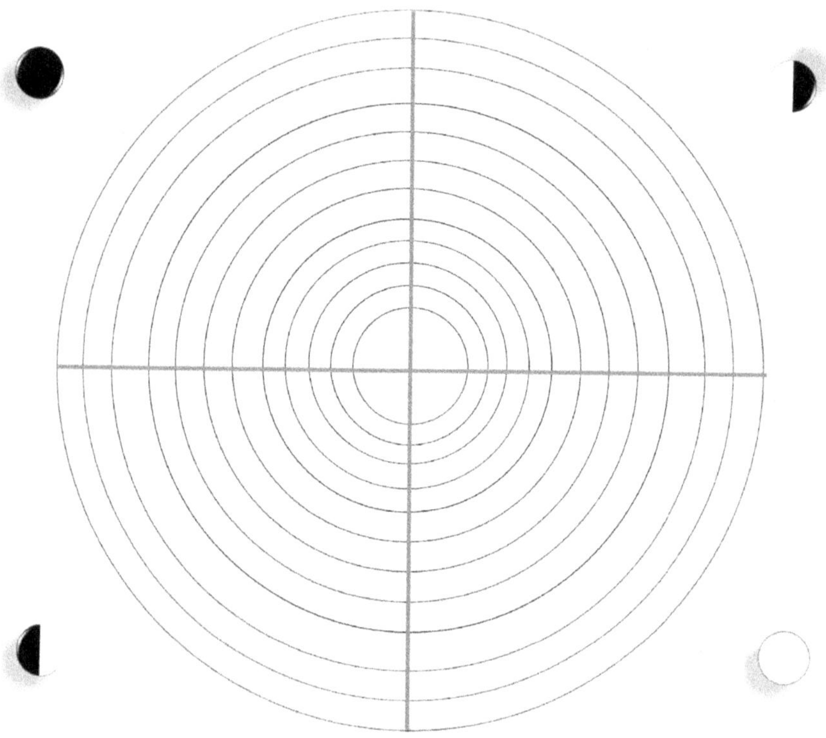

Ejemplo de Bitácora Lunar:

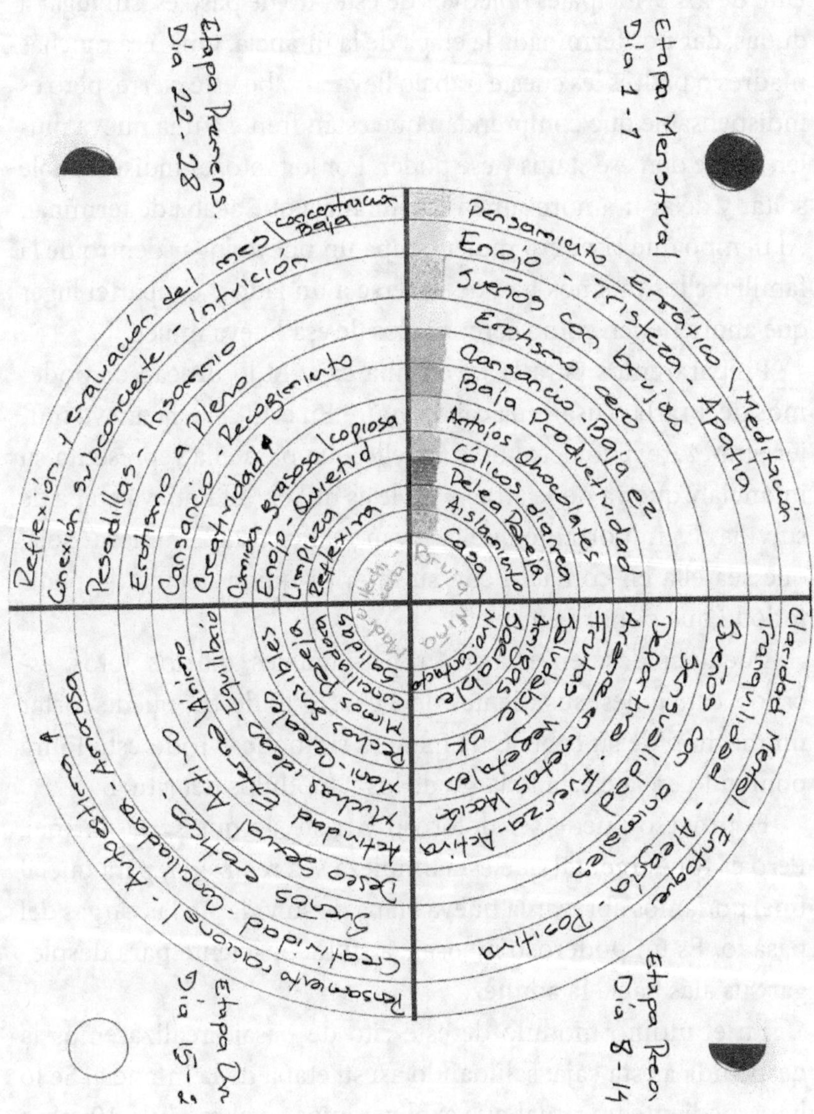

La caja de la infancia

Uno de los principales objetivos de este rito de paso es, sin lugar a dudas, dar por terminada la etapa de la infancia. Quizás a muchas madres o padres les cueste trabajo llevar a cabo este cierre, pero es indispensable que comprendan que están frente a una nueva mujer, que le den ese status y ese poder. Por lo tanto, es indispensable soltar y dejar ir amorosamente la infancia que acaba de terminar. Al tiempo que la nueva mujer ocupa un nuevo lugar dentro de la familia, ellos mismos han de hacerse a un lado y ocupar el lugar que ahora tienen como compañeros de esa nueva mujer.

Prepararemos para la joven una caja. Si lo deseamos podemos decorarla o usar una caja común. En esta caja, la nueva mujer empezará a colocar todo aquello que para ella representa su infancia y que ya no le atrae o no le es útil en esta nueva etapa de su vida. Es importante que la joven realice esta "limpieza" sola, que sea ella en contacto con su interior quien decida despedir todo lo que pondrá en la caja.

Puede colocar en esta caja ropa, juguetes, diarios, fotos, escritos, canciones, sus dientes de leche. Si lo desea, puede cortar un mechón de su cabello de manera simbólica. Todo esto lo irá poniendo en la caja a lo largo de los 9 módulos del ritual.

El proceso puede ser doloroso y triste, lo que sería normal. Pero es fundamental que esta limpieza sea realizada, para que al final podamos abrazar la nueva etapa de su vida sin las cargas del pasado. Es un poderoso mensaje a su inconsciente para desplegar sus alas hacia la adultez.

En el último módulo de este rito de pasaje realizaremos la despedida a esta caja, saludando así su etapa de la infancia. Se lo hará mediante un ritual que explicaremos en el módulo 10; pero esta transición es preciso iniciarla desde este encuentro, como parte de la conciencia de la ciclicidad de la vida.

PRÁCTICAS MÓDULO 3: EL CUERPO, TEMPLO SAGRADO

En este módulo hablamos con la joven sobre la sacralidad del cuerpo femenino y las ideas distorsionadas que la sociedad y la educación han puesto en la mente de humana. Proponemos tres prácticas para aplicar con la joven; la primera, de toma de conciencia sobre las creencias que ella detecta en sí misma y en la sociedad en relación con ser mujer. La segunda, de reconocimiento de su relación con su propio cuerpo; y la tercera, de aproximación física: amor, reconocimiento y autocuidado mediante la aplicación de un masaje de senos.

Ejercicio creencias

Le propondremos a la nueva mujer que escriba en una hoja todo lo que crea acerca de las mujeres. También deberá escribir las creencias que detecte que provienen de los medios de comunicación, la escuela, sus amigas, familiares, etc. De esta manera comprobaremos cuáles son las creencias degradantes que posee y podremos transformarlas en la ceremonia final día del rito de paso. Es necesario que ella observe, durante el resto de los módulos, las creencias que surgirán respecto a las mujeres (por ende, respecto a sí misma).

Ejercicio de reconocimiento del cuerpo

Indícale que se siente o se pare desnuda frente al espejo. Simplemente para observarse, permitiendo que surjan en sí misma las palabras o posibles críticas. La idea es que ella observe aquello que pueda emerger de su conciencia, principalmente, a las emociones que se desencadenan respecto a su cuerpo.

Pídele que tome nota atenta a todas las emociones que se despiertan frente al espejo y luego responda a las siguientes preguntas:

1. ¿Cuál es el sentimiento predominante que siento hacia mi cuerpo?

   ☐ Gusto
   ☐ Disgusto
   ☐ Amor
   ☐ Odio
   ☐ Otro _______________________________________

Puedes complementar la respuesta con frases o palabras.

2. ¿Qué partes de mi cuerpo no me gustan? Escribe todas las partes de tu cuerpo que quisieras que fueran diferentes.

3. ¿Puedo identificar en estas partes que no me agradan la influencia de los cánones estéticos imperantes en la sociedad en la que vivo?

4. ¿Qué dicen estas creencias?

Ejemplo: sólo es bello un seno de talla XX; sólo es bella una cintura pequeña (sin barriga); sólo es bella la piel tersa, sin arrugas.

5. ¿Mantener estas creencias que son impuestas por la sociedad en la que vives te da fuerza y poder?

SÍ___   NO___

6. ¿Puedo apreciar el paso del tiempo en mi cuerpo?

SÍ___   NO___

7. ¿Cómo me hace sentir esta percepción del paso del tiempo en mi cuerpo?

☐ Temerosa
☐ Triste
☐ Desilusionada
☐ Orgullosa
☐ Confiada del proceso de la vida
☐ Tranquila, en aceptación

8. Obsérvate fijamente a los ojos, como si fueras una tercera persona, y trata de identificar la voz (mirada) de tu ego y la de tu espíritu.
¿Escuchas atentamente tu pensamiento? ¿Qué mensajes te ofrece?

9. Escribe una carta a tu cuerpo donde le expreses:

- Perdón por cuánto lo has juzgado como feo o inadecuado
- Prométele tu presencia amorosa y de aceptación constante
- Declárale tu amor y tu gratitud
- Reconócele el importantísimo trabajo que hace para mantenerte con vida
- Comprométete a honrar todas las partes de tu cuerpo tal cual son
- Garantízale a tu cuerpo que rendirás tributo a todas las funciones de tu cuerpo que te mantienen con vida.

10. Revisa atentamente la historia de tu relación con el cuerpo:

- Observa incidentes o accidentes ocurridos
- Ten en cuenta las enfermedades que has vivido
- Observa problemas de alimentación, bajo peso o sobrepeso
- Ten presente problemas mentales o de sueño
- Luego relaciona todas estas experiencias con el momento emocional que vivías en el tiempo de los sucesos

Conclusión: después de verificar la historia de la relación con tu cuerpo, determina cuáles han sido los momentos en los que tu cuerpo se ha sentido más a gusto, mejor cuidado y más reconocido, así como aquellos periodos en los que no ha sido de esta manera.

Con la toma de conciencia de todos estos sucesos, decide cuál es el camino que te ayudará a habitar tu cuerpo con más armonía, amor y gratitud. Recuerda que la relación con tu cuerpo es la base de tu amor propio y de las demás relaciones que estableces con otras personas en tu vida.

Ejercicio masaje de pechos

Propongo un ejercicio basado en las prácticas taoístas de la medicina tradicional china. Sin embargo, cada una puede explorar otros masajes que contribuyan a la movilización de la energía de los senos y su sistema glandular. Lo óptimo es realizarlo una vez por semana para incrementar el flujo de energía vital en ellos.

Es posible que algunas mujeres sientan culpa, temor o vergüenza al tocarse y aunque no es un ejercicio de autoerotismo, naturalmente la energía sexual se moviliza, produciendo placenteras sensaciones. Esta energía es intrínseca al ser humano desde su nacimiento (de hecho, procedemos de ella); hace parte de nuestra experiencia vital y está bien que ella la reconozca, la sienta y la disfrute natural y positivamente, sin ninguna censura.

Indícale que, de surgir alguna emoción o reacción que la perturbe, no continúe haciendo el masaje. Será preciso tomar consciencia de esta situación y buscar ayuda psicoterapéutica para encontrar y trascender las emociones profundas que le impiden vivir su sexualidad plenamente.

Masaje paso a paso

Aceite: Se puede (aunque no es indispensable) preparar para ella un aceite de almendras, girasol, semillas de uva, oliva o sésamo, en el cual se hayan puesto en maceración por 40 días pétalos de rosa y cuarzo rosado, cuyas energías amorosas quedan impregnadas en el aceite.

El ejercicio puede realizarse sin ropa o vestida con una tela suave que permita sentir la piel. Si existiese alguna incomodidad por tocarse, las manos podrán colocarse a corta distancia de ellos, moviendo los dedos y visualizando cómo la energía circula y hace su efecto.

Instrucciones

Las siguientes instrucciones están presentadas para que tú las enseñes a la joven. Se trata de una indicación personalizada. Lo óptimo sería que primero realices tú el ejercicio. De este modo sabrás cómo se siente y conocerás los beneficios que reporta emocional y físicamente.

1. Encuentra un sitio tranquilo y una postura cómoda.
   Si puedes hacerlo frente al espejo, esto te ayudará a conectar mejor con tu cuerpo. Realiza una respiración profunda tres veces, llevando el aire hacia el abdomen, y exhala vaciando completamente los pulmones.

2. Sacude las manos un par de veces, liberando la energía en ellas.
   Enfoca la intención en generar energías sanadoras; después frota una palma contra la otra, hasta lograr una sensación cálida y agradable.
   Cierra los ojos, coloca las manos sobre los senos y envíales energía amorosa por 3 minutos. Puedes reforzar con

visualización de esta energía en color rosado o verde esmeralda.

3. Pasa delicadamente las puntas de los dedos en círculo alrededor de los pechos, como a unos cuatro centímetros de los pezones. Empieza a dibujar círculos desde los pezones, primero en dirección ascendente y después hacia fuera. Repite este circuito al menos nueve veces. Esto estimulará el meridiano del riñón que pasa por dentro de los pechos, así como los meridianos del hígado, del pericardio y del bazo.

4. Ahora masajéate la totalidad de los pechos presionando suavemente el tejido contra ellos y frotando en círculos. Presta atención a lo que te haga sentirte bien y varía la intensidad de las caricias, pasando de caricias ligeras como plumas a toques más enérgicos. Acariciarte los pezones incrementará la liberación hormonal y la energía generada.

Cualquier sensación de placer sexual que surja está bien. Continúa respirando profundamente y disfruta de este masaje sanador. Finalmente, para aquietar las energías, siéntate o acuéstate boca arriba con las piernas y brazos ligeramente abiertos.

Basado en las técnicas presentadas en La Mujer Multiorgásmica, escrito por Mantak Chia y la Dra. Rachel Carlton Abrams.

PRÁCTICAS MÓDULO 4: ÚTERO, CENTRO CREADOR

En este módulo entramos de lleno en el reconocimiento de nuestro sistema reproductivo como centro de placer, creación y poder. Iniciamos con una práctica de reconexión con el útero, una meditación para habitar este importante centro femenino y reconectarlo con el corazón. Proponemos también la práctica de los ejercicios de Kegel con el objetivo de reconocer y activar el canal vaginal, así como un ejercicio de aproximación y reconocimiento de la vagina como puerta de nuestro templo. Por último, recomendamos una práctica llamada de intención ovulatoria, para direccionar la fuerza creadora de la ovulación hacia un objetivo específico.

Ejercicio: Meditación de reconexión uterina

Esta meditación establece una conexión cierta con nuestro útero. Léela a la nueva mujer o grábala para que puedan hacerla juntas y disfrutar de este bello ejercicio de amor y reconexión.

Tómate este tiempo en tranquilidad y silencio, en un espacio donde te encuentres a solas y no seas molestada. Puedes hacerlo en tu altar personal; encender una vela o acompañarte con un incienso. Haz que sea un momento especial. Puedes estar sentada o acostada.

Cierra tus ojos, respira profundamente, céntrate en el aire entrando por tu náriz. Siente o visualiza cómo el aire entra por tu nariz, baja por tu garganta, desciende hacia los pulmones y llena tu abdomen. Inspira profundamente hasta llenar la capacidad de tus pulmones y llena con este aire todo tu cuerpo.

Imagina que este aire es una luz plateada resplandeciente. Llena con esta luz plena de vida todas las partes de tu cuerpo. Al exhalar, exhala todas las tensiones. Una vez más, inhala profundamente. Imagina que esta luz entra a todas las partes de tu cuerpo, descendiendo desde tu nariz: llena tus hombros, desciende por tus brazos y llena tus manos. Continúa inhalando hasta llenar tu pecho y espalda; sigue descendiendo hasta llenar tu estómago. Llena todos tus órganos internos.

Exhala profundamente. Vacía tus pulmones y suelta tu cuerpo. Libera todas las tensiones de tu cuerpo.

Una vez más, inhala profundamente, llevando la luz hasta tu cadera. Esta luz entra en tus músculos, en tus huesos, y hasta en la célula más profunda de tu cuerpo. Exhala y vacía completamente tus pulmones, soltando todas las tensiones.

Inhala de nuevo y siente cómo esa luz entra y expande todo tu cuerpo, relajándolo. Ahora desciende por tus piernas, llega a tus rodillas, a tus pantorrillas, expande tus tobillos y tus pies, alcanza la punta de los dedos. Esta luz expande tus piernas y pies. Exhala profundamente, liberando todas las tensiones de tu cuerpo.

De nuevo, entra el aire por tu nariz profundamente y tu cuerpo se llena de abajo hacia arriba con luz plateada. Se llenan tus pies, tus tobillos, tus pantorrillas y tus muslos; se expanden tus caderas y tu bajo vientre. Exhala una vez más.

Inhalas llenando tus caderas con este oxígeno reparador, tranquilizador. Se llena tu pelvis, tus órganos femeninos internos y tu aparato digestivo, y exhalas.

Una vez más, inhalas llenando tus riñones, tu hígado, tu estómago y tus pulmones, y al exhalar sueltas todas las preocupaciones y tensiones. Te relajas, te sientes liberada, liviana y tranquila.

Una vez más, inspiras llenando la parte alta de tu espalda, tus hombros, tu cuello y tus brazos, y al exhalar te relajas. El aire deshace todas las tensiones de tu cuerpo y te relajas.

De nuevo, inhalas y llevas el aire hacia tu cabeza, llenando su centro. Tu cerebro se expande con esta luz; llevas el aire a tu cara, tus ojos, tu frente, tus orejas, tus dientes y tu mandíbula. Toda tu cabeza está llena de este aire, expandida; y al exhalar, todos los músculos de tu cabeza se relajan. Ahora toda tu cabeza se siente relajada.

Siente cómo todo tu cuerpo se encuentra relajado, muy liviano. Siente cómo lo sostiene el mueble en el que te encuentras. Siente profundamente esta sensación de abandono y seguridad. Inspira, y al exhalar abandona completamente tu peso y todo tu cuerpo sobre el mueble, sintiéndote más relajada cada vez.

De nuevo inspiras y centras tu atención en el entrecejo. Al exhalar abres todos tus sentidos, se despierta tu visión interior; concéntrate entre tus cejas y ve cómo esta zona se llena de luz y se expande un espacio en tu entrecejo. Ahora lleva esa luz y esa mirada desde tu entrecejo a tu corazón. Concentra tu visión en tu corazón. Mira cómo se llena de luz tu corazón; inspira y siente cómo se libera tu corazón de todas las tensiones, de todo el dolor y el stress. Observa tu corazón. Observa detenidamente cómo se encuentra tu corazón; cómo es su color, qué temperatura tiene, cuáles son las sensaciones que te transmite. ¿Se siente constreñido? ¿Se siente opaco? ¿Se siente alegre? Siente tu corazón.

Pregunta: "¿Cómo estás, corazón?". Espera las respuestas. Pueden llegar en forma de palabras, pensamientos, imágenes, sonidos o sensaciones. Presta atención a las respuestas de cómo se siente tu corazón.

Inhalas una vez más, y al exhalar baja el aire y la luz desde tu corazón hacia tu útero. Desciende con tu mirada interna hacia tu útero (unos dos o tres dedos bajo tu ombligo), entre tus caderas. Inspira llenándolo de luz. Siente cómo se hincha. Lleva todo ese oxígeno a tu útero, expandiéndolo e iluminándolo. Observa cómo se enciende cada rincón de tu útero con tu respiración. Observa y siente cómo se expande y se contrae con tu respiración y con la luz que estás llevando allí. Observa la unión de tu útero con las trompas de Falopio. Siente cómo palpita tu útero relajado; observa el ovario derecho y el izquierdo y la unión de tu útero con tu vagina. Mira las texturas, temperaturas y colores que existen allí.

Lleva esa mirada interior profunda a cada rincón de tu útero. Fíjate si existe alguna diferencia de color, sensación, temperatura o textura entre un lugar y otro. Recorre con tu visión interior tu cérvix. Y ahora que estás en el centro de esta gruta interna que es tu útero, observa. ¿Tu útero se encuentra tenso o relajado?. ¿Está feliz, triste o enojado? Si encuentras alguna sensación de tensión, lleva tu respiración a esta zona y expande esta área con la luz de tu oxígeno. Al exhalar suelta la tensión. Haz que tu útero se mueva con esta luz. Al exhalar, el aire se llevará todas las tensiones en tu útero.

Siente tu útero. Siente cómo tu útero se hace cada vez más blando, relajado y receptivo. Inhala una vez más y lleva esta luz de tu oxígeno por toda la extensión de tu útero. Ahora que estás profundamente conectada con tu útero, pregúntale: "¿Cómo puedo darte mayor bienestar?". Y escucha. Las respuestas pueden llegar a través de palabras, emociones, pensamientos, imágenes, colores o sensaciones. Simplemente ábrete a sentir y escuchar el mensaje de tu útero.

Una vez más, pregúntale: "Útero mío, ¿cómo puedo expandir tu bienestar?". Pueden llegarte las respuestas en imágenes, colores, palabras, sensaciones o movimientos. Presta atención a ellos.

En la quietud profunda de tu vientre, tú estás segura. Es el hogar de la diosa; el templo sagrado donde habita tu diosa interna. Siente tu hogar. Pregúntale a este templo sagrado en el que habitas: "Útero mío, ¿cómo puedo expandir tu bienestar? ¿Qué puedo ayudarte a soltar, a liberar? ¿Cómo puedo estar más cerca de ti y rendirte tributo?".

Escucha lo que tu útero tiene para decirte.

Ahora, imagina cómo desde tu útero se abre un hermoso canal de luz hacia tu corazón. Imagina esa vía de comunicación que emerge desde tu útero a tu corazón y vuelve a descender hacia tu útero. Este canal de luz hará que todo lo que llegue a tu útero esté irradiado con el amor de tu corazón. Todo lo que pase por tu corazón estará irradiado por la fuerza creativa de tu útero. Ahora el amor y la creación se unifican dentro de ti: útero y corazón unidos para brindarte lo mejor de cada uno.

Ha llegado el momento de despedirte. Inhala profundamente; lleva todo el aire de esta inspiración hacia tu útero con una infinita sensación de gratitud: "Gracias, gracias amado útero por todo lo vivido; por tu trabajo creador, por todo lo sentido. Gracias amado útero por todas las experiencias compartidas".

Una vez más, inhala llevando tu atención al corazón. Agradece a tu corazón: "Gracias, corazón. Gracias por tu latido vital; por tu amor envolvente, por todo lo sentido y compartido".

En silencio y quietud siente la conexión de tu útero y tu corazón. Ahora ya sabes dónde están y cómo conectar con ellos.

Siempre que lo desees podrás volver a sentir tu útero y tu corazón, unidos llenos de amor, de creación y de tu profunda gratitud.

Una vez más, inhalas profundamente. Siente el aire entrando por tu nariz y llenando tu cuerpo. Siente tus pies, mueve los dedos de tus pies. Mueve también lentamente los dedos de tus manos. Estás volviendo a la conciencia. Mueve suavemente tus brazos y tus piernas. Retorna al aquí y al ahora. Abrázate con infinita gratitud por este momento de amor que te has brindado.

Para completar el ejercicio, la nueva mujer ha de hacer un dibujo en una hoja, un cuaderno o su Bitácora Lunar, con todas las imágenes, sensaciones y mensajes que emergieron a lo largo de la meditación. Puede expresar en palabras lo vivido o dibujarlo. De esta manera se plasma el ejercicio en la realidad, incorporándose en el saber de lo que significa ser mujer, integrándose el útero y el corazón con su propia percepción. Cada vez que ella tenga alguna duda sobre su feminidad o algún hecho importante, puede repetir el ejercicio y preguntar a su útero. Él le dará las respuestas que precisa.

Ejercicios de Kegel

Los ejercicios de Kegel fueron dados a conocer en la década del 40 por el doctor Arnold Kegel con el objetivo de fortalecer el piso pélvico después del parto. Si bien las jóvenes aún no tienen la necesidad de fortificar esta área de su cuerpo para evitar la incontinencia, trabajar el suelo pélvico les permitirá lograr un mayor control de esta musculatura. Mejorará la percepción y ubicación del útero, la función de sostén de las vísceras del suelo pélvico y robustecerá la función sexual.

1. Colócate con la columna recta en una posición cómoda, bien sea de pie, sentada o acostada.
2. La contracción primero se realiza en los músculos más externos de la vulva. Va subiendo hacia el cuello uterino como si se tratara de un ascensor. Cuenta hasta 20 (empieza con 5 y vas aumentando el número progresivamente). El cuerpo debe estar relajado y la respiración ha de ser normal.
3. Se mantiene la contracción contando hasta el mismo número.
4. Después se empieza a soltar la musculatura hasta llegar a la relajación total, contando hasta 20.

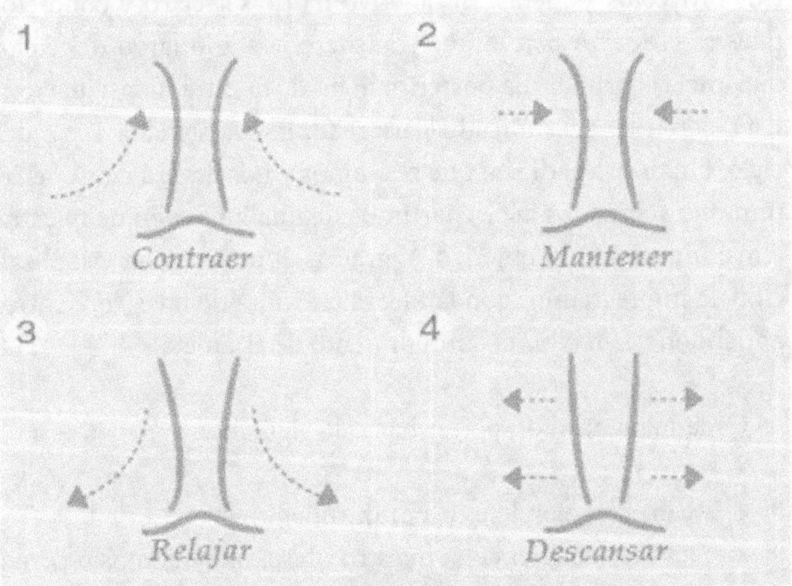

5. Mantienes la relajación contando hasta 20 y de vuelta a la contracción.
6. La sucesión de contracción-relajación se hará 3 veces diarias durante 5 minutos.

Nota: La forma más fácil de reconocer los músculos internos con los que vamos a trabajar es controlando la orina, es decir, realizando una contracción. Se puede miccionar contando hasta 20; retener durante el mismo lapso de tiempo, y volver a repetir este proceso hasta liberar completamente la vejiga sin más retenciones.

Ejercicio de intención ovulatoria

El ejercicio consiste en alimentar el óvulo con pensamientos, sentimientos e intenciones enfocadas en uno o varios de nuestros proyectos y metas. El objetivo ha de ser claro y concreto, pues es la fuerza con la que transitaremos a lo largo del ciclo, que inicia el primer día posterior al fin de nuestra menstruación. Este ejercicio está indicado para realizarse la semana 1 y 2 del ciclo. Finalizará el día en que ovulemos y nos llevará cerca de 20 minutos diarios. Es decir, partimos de una intención de nuestra alma: un sueño, un objetivo. Y gracias al poder de la visualización, la impregnamos con la fuerza creadora de nuestro vientre, abriéndonos a recibir el cumplimiento de esa meta.

Cada mañana al despertar hacer lo siguiente:

- Realizar el ejercicio de enraizamiento
- Llevar la conciencia a nuestro útero, imaginémoslo como un paisaje rodeado de árboles bañado por una luz plateada. Caminamos hacia uno de los dos sentidos posible a través de los árboles, bien sea a derecha o a izquierda.
- Adentrarnos en esa pequeña cueva que es nuestro ovario; sentir su presencia vívida, rodeándonos. Nos acostarnos

en el suelo de este lugar sagrado y sonreímos sintiéndonos contenidas. Le saludamos, diciendo: "Amados huevos creadores: gracias por su maravillosa labor; los reconozco y los amo; honro la formación de mi semilla, esta luna. Mi maravilloso óvulo será regado con la intención de... (expresar nuestro objetivo)".

- Visualizamos la formación y desarrollo de ese objetivo u objetivos, que en lo posible irá enlazado a metas mayores. En caso de desear el embarazo, nuestra visualización será vernos como madres. (Dedicar todo el tiempo que puedas a esta visualización, mínimo 10 minutos)

Una luz entra por el techo de la caverna. Sus destellos dorados impregnan las imágenes en tu mente, iluminándolas con mucho brillo. Sonríes ante la concreción de tus metas, sintiendo cómo todo se realiza en perfecta armonía y bienestar para todo el mundo, haciéndote muy feliz.

Imaginas que te levantas y sales de la caverna. La luz dorada te acompaña y al retornar al jardín al otro lado de los árboles, se mezcla majestuosamente con la luz de la luna, emanando destellos iridiscentes a tu alrededor.

Tomas unos minutos para sentir este abrazo celestial que bendice el cumplimiento de tus sueños y te acuna.

De nuevo tornas a la sensación de tu cuerpo. Mueves lentamente los pies, las manos, y regresas a la conciencia completa de tu cuerpo. Cuando lo desees abres los ojos.

La práctica de este ejercicio crea un puente de conexión entre nuestra mente, nuestros proyectos de vida y la fuerza creadora de nuestros ovarios y útero. Al enfocar la fuerza de la reproducción (energía de vida) en nuestras metas concretas nos sintonizamos en mente, cuerpo y espíritu en la creación de nuestras condiciones vitales, al tiempo que amamos y reconocemos la maravillosa labor creadora de nuestro cuerpo femenino sagrado.

Ejercicio de aproximación a la vagina

Primera Parte

Acompañada por un espejo, vamos a explorar. Invita a la nueva mujer a que observe su vulva y responda a las siguientes preguntas:

1. ¿Cuál es la cara de mi yoni?
2. ¿A qué se asemeja?
3. ¿Lo veo bello?
4. ¿Lo acepto?
5. ¿Qué me recuerda su olor?
6. Ante el estímulo ¿cómo es el comportamiento del color y textura de mi yoni?
7. Cuando la toco, siento:

   A. Miedo
   B. Ansiedad
   C. Dolor
   D. Vergüenza

Segunda Parte

En un segundo estadio de este ejercicio, la mujer debe introducir delicadamente el dedo dentro de su vagina. Primero será una exploración de la entrada. Se debe hacer muy suavemente.

Continuar haciéndolo en espiral hasta llegar al cuello del útero. Sentirá como un anillo o dona al fondo de la cavidad vaginal.

El objetivo del ejercicio será explorar cada parte de su vulva y vagina con profundo respeto y amor. La idea es agregar esta exploración al ejercicio de la Bitácora de la Luna para determinar los cambios de textura, flujo, color, temperatura y demás, que pueda percibir en las diferentes etapas de su ciclo reproductivo (menstrual, preovulatorio, ovulatorio y premenstrual), por lo que deberá realizarlo una vez por semana.

Pero más importante que la "observación científica" de la vagina es la observación de las emociones que puedan emerger en cada una de las etapas de la exploración. Hay que permitir que estas emociones emerjan: si es tristeza, permitir el llanto; si es dicha, permitir su expresión. Y después realizar un momento de silencio para habitar e integrar toda la experiencia.

Como resultado de este ejercicio, la mujer habrá de escribir un texto describiendo lo que ha descubierto de sí misma, tanto a nivel físico como emocional.

Como parte del ejercicio invitaremos a la joven a recrear su vulva, bien sea a través de un dibujo o de un escrito en el que refleje su gratitud y amor por este importante órgano de su cuerpo. También es factible hacer juntas una vulva con retazos de tela.

La idea es resignificar esta parte de nuestro organismo y dotarla de su carácter puro y sagrado.

PRÁCTICAS MÓDULO 5: MENSTRUACIÓN, DIVINO TESORO

En este módulo hablamos sobre la menstruación, uno de los grandes tabúes en la vida de las mujeres. Para vivir un ciclo consciente proponemos cuidados ancestrales alrededor de los días de la menstruación. La primera práctica que sugerimos es el baño con hierbas, necesaria para mantener el calor en el útero y cuidar la salud menstrual de la mujer. La segunda es la creación del "cinturón de luna", una práctica ancestral de los pueblos originarios de América. Por último, una práctica que nos reconecta con la madre tierra al tiempo que sana nuestro linaje femenino, la siembra de la menstruación.

Baño con hierbas

Algunas de las características de la energía yin o femenina son la fluidez, la introversión y la temperatura fría. Nuestra constitución, de naturaleza fría, se ve afectada por esta temperatura en los días de luna (menstruación), cuando nuestro útero se vacía para dar paso al sangrado. Por eso en estos días hemos de resguardar nuestro útero de las corrientes frías, evitar caminar descalzas e ingerir bebidas o alimentos fríos, incluidos los helados. Evitar absolutamente baño en piscina, mar o río y por supuesto, duchas de agua fría

En nuestros días de luna conseguiremos hierbas calientes como ruda, roméro, caléndula, hierba buena, artemisia, eucalipto, manzanilla, albahaca, limonaria, prontoalivio y toronjil. Pondremos a hervir en una olla con agua varias ramitas de estas hierbas. Cuando esté hirviendo se dejará a fuego bajo, tapadas por cinco minutos. Después llevaremos la olla al baño, donde pondremos las hierbas en la tina o habremos preparado un balde en el que se mezclará el agua de hierbas con agua fría hasta que quede templada. Luego nos bañaremos como hacemos habitualmente. A continuación, nos secamos rápidamente y nos vestimos, cuidando de abrigar bien el útero para evitar el frío.

Bañarse con hierbas calientes es una práctica ancestral que se realiza para preservar el calor del cuerpo y ayudar al proceso de purificación energética. Esta práctica, junto a las vaporizaciones vaginales, evita los dolores ocasionados por el frío, que es vasoconstrictor y reduce o elimina los llamados cólicos menstruales.

Cinturón de luna

Desde que inicié este camino del sagrado femenino he contado con múltiples maestras que han iluminado mi proceso con sabiduría y amor. Una de ellas, una abuela indígena, compartió conmigo una herramienta que he utilizado por años en cada menstruación, y que ha sido una gran aliada en la reconciliación con mi ciclo menstrual. Este instrumento se denomina "cinturón de luna", y es una práctica ancestral que nos conecta con la sabiduría del ciclo, al tiempo que realza su carácter sagrado y protege nuestro útero.

Las indígenas creaban cada mes un cinturón con 13 cuadrados (3 × 3) de tela roja. En cada una de ellos colocaban un dedal de tabaco, por considerarla una planta sagrada que brinda protección. Luego los anudaban a una cuerda y colocaban el cinturón en su cintura desde la llegada de la menstruación hasta su término, momento en el que lo quemaban para transmutar las energías que quedaban atrapadas en el cinturón.

Al ser nuestro útero un órgano receptor, éste atrae hacia nosotras las emociones o pensamientos de quienes nos rodean. A lo largo del ciclo, el útero se encuentra protegido por el endometrio; pero al momento de la menstruación, cuando el tejido sanguíneo desciende por la vulva, nuestro útero queda desprotegido y vulnerable a estas energías externas. Por ello, el cinturón de luna es una herramienta de protección externa en este momento de gran sensibilidad.

Tejer un cinturón de luna (como lo llaman las mujeres de las culturas indígenas) es una excelente manera de renovar nuestro vínculo con el femenino sagrado que nos habita, así como con la tierra misma. La intención al tejerlo es contactar con la sabiduría del ciclo menstrual, logrando experimentar cambios trascendentales en la percepción de nuestro cuerpo. En este proceso renacerá una sana apreciación por nuestra sangre menstrual, que eliminará las creencias de impureza o suciedad que la sociedad patriarcal en que vivimos ha implantado en nuestro inconsciente.

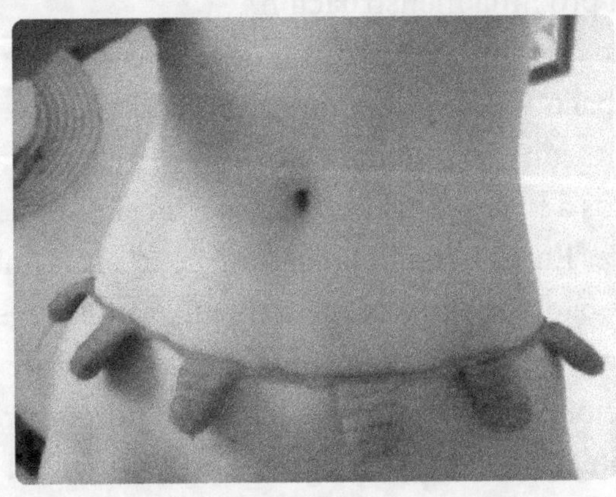

Nuestra sangre menstrual es bella y renovadora y está plena de vida y misterio. Por lo tanto, nada en ella debe avergonzarnos. Portar un cinturón de luna nos sintoniza con esta verdad y es un sagrado ritual de todas las mujeres del mundo.

Cuando una mujer crea su propio cinturón de luna, apela a su sabiduría femenina y a su creatividad intrínseca. Por ello existe una gran variedad de cinturones menstruales, todos en rojo. Este color reivindica el fluido menstrual y representa el vínculo entre la sangre y la vida, además de crear un límite de protección energético en nuestra cintura. Algunas lo hacen en tela, lana o macramé, con 13 compartimentos, uno por cada luna del año. No importa que seas o no una tejedora consumada, sino el amor que pongas en ello. En todos los casos habrá que realizarlo a mano. De esta manera conectas directamente con el poder de tu cuerpo y le impregnas pensamientos y sentimientos hermosos hacia tu sangre.

Cuando hayamos creado nuestro cinturón de luna, lo consagraremos ungiéndolo con nuestra sangre menstrual, para que tome nuestra impronta y sabiduría femenina. Es bueno que se dedique un día en soledad y retiro para dar espacio a que fluya tu naturaleza instintiva y se manifieste, así estará listo para ser usado en tu próxima menstruación.

El trabajo con nuestro cinturón de luna consiste en tomar un dedal de tabaco y poner una intención en cada una de las bolsitas del cinturón. Esto se hará con el objetivo de transitar esos 13 propósitos a lo largo del ciclo que se inicia. Cada cual lo hace a su manera. En lo personal, hago un rezo en nombre de madre tierra y padre cielo y pido asistencia a mis ancestras antes de colocar cada uno de los "recitos". Al terminar de colocar las trece intenciones, lo coloco alrededor de mi cintura y de esta manera protejo mi centro energético primordial. Al finalizar la menstruación, vacío las 13 bolsitas y las entrego a madre tierra para que transmute lo contenido en el tabaco. También puede ser quemado tanto el cinturón como el tabaco cada mes.

Una mujer a la que se le ha retirado la menstruación o se le han extirpado su útero u ovarios, puede tejer su cinturón de luna para reactivar la energía de sus centros energéticos de ovarios y útero, los que permanecen vivos en su configuración energética femenina y en su memoria celular.

El cinturón de luna se convierte en una "herramienta de poder" que canaliza la fuerza femenina de creación, armonía y expansión. Se usa desde el primer día al último de la menstruación, en momentos en que la mujer necesite recuperar su poder (por estar transitando tiempos difíciles) o cuando desee invocar su fuerza femenina para un propósito personal o social.

Siembra de luna

Lo mejor que una mujer come y bebe, así como sus emociones y pensamientos, van a su útero como materia prima de ese "colchoncito" que nuestro vientre prepara amorosamente cada mes para crear y nutrir la vida. Desafortunadamente las mujeres ignoran esto, y cuando llega su menstruación tiran la sagrada sangre menstrual envuelta en toallas higiénicas o tampones, con lo cual envían el mensaje a su cuerpo de que produce "basura".

Si la nueva mujer ha trabajado en la reconexión con su cuerpo y comprendido la sacralidad de la menstruación, estará exenta de tabúes, asco o creencias negativas acerca de su sangre menstrual. Entonces, en lugar de tirarla, podrá realizar el ritual de siembra de luna, con el fin de entregar lo mejor de ella a la tierra en un acto de amor y gratitud.

Sembrar nuestra sangre menstrual es una ofrenda a la tierra, una forma de compensar nuestras relaciones con la madre naturaleza, quien nos brinda todo cuanto necesitamos: abrigo, alimento, sostén, materiales para nuestras ropas y viviendas, así como las medicinas necesarias para sanar nuestro cuerpo y alma. Nos brinda, en conjunto, todo cuanto necesitamos para vivir. Una forma de equilibrar estos obsequios es entregando nuestra sangre menstrual a la tierra como sangre de vida, de salud y paz, en nombre de toda la familia humana.

Por otra parte, en nuestra sangre está inscrita la memoria de nuestro linaje materno, es decir, las energías de nuestra madre, abuela y bisabuela; y cuando nuestra sangre entra en contacto con la tierra se sana toda la memoria de nuestro clan materno. No sólo sanamos nuestras propias memorias de dolor, guardadas en nuestro útero, sino que contribuimos a la evolución de nuestra familia, y con ella, a la de toda la estirpe femenina sobre el planeta.

Al sembrar nuestra sangre también se fortalecen las raíces energéticas que nos conectan con la tierra. Se vigoriza el útero y entramos en sintonía con la sabiduría de la tierra. Además, nuestras plantas se beneficiarán con la gran cantidad de nutrientes presentes en la sangre menstrual, plena de células madre, lípidos, hierro, proteínas, hormonas, entre otros.

Esta práctica es tan antigua como la vida misma, pero tras siglos de desprecio por la sangre menstrual, había entrado en desuso. Realizarla nos beneficiará a nosotras y a la tierra cada mes.

Lo primero será recoger la sangre. Si utilizas toallas higiénicas de tela déjalas dentro de un platón con agua suficiente para que salga el contenido, aproximadamente por tres horas. Se hace con cada toalla higiénica por separado, o si lo prefieres reúnes varias.

En caso de que utilices copa menstrual, la vacías siempre en un frasco de vidrio con tapa. Después mezclas el contenido del frasco en un recipiente donde quepa la sangre y una cantidad de agua de aproximadamente 10 veces la medida de sangre. Entre más diluida mejor.

El ritual

En lo personal realizo un agujero al pie de un árbol, decoro el exterior con flores y frutas, enciendo una vela y coloco cristales o una imagen del sagrado femenino. Al fondo del agujero pongo un pellizco de tabaco. De este modo pido permiso a la madre tierra para depositar en ella mi sangre. Además, siempre realizo una pequeña oración de gratitud por todo lo recibido. En algunas ocasiones hago un pedido o solicitud precisos, y luego voy vertiendo allí mi sangre poco a poco. Finalmente canto a la madre tierra y tapo el agujero con tierra cuando el líquido haya desaparecido.

Hay mujeres que simplemente riegan una o todas sus plantas con su sangre menstrual. No existe un orden u oración específicos; lo importante es que realicemos la siembra con amor y convicción. Con el transcurso de los meses iremos notando los cambios en nosotras. Habitualmente la relación con la madre se hace más serena, se disminuyen los dolores menstruales y nos sentimos cada vez más conectadas con el corazón de Gaia.

Si vives en un departamento, hazlo en un parque o bosque cercano, o en las macetas de casa. Y aunque te vayas de viaje, haz tu siembra menstrual. No te permitas tirar tu sagrada sangre nunca más. Este es un acto de amor de tu cuerpo ofrecido a la vida que se repite cada mes; un ritual de sanación personal y humano, además de un puente consciente y divino entre lo más íntimo de ti y la madre tierra.

He sabido de mujeres que hacen tintura homeopática con su menstruación. Las abuelas australianas guardaban los coágulos para colocarlos en las heridas y sanarlas. Algunas la ponen en su rostro para cuidar su piel, y existe un acto psicomágico que invita a hacer nuestro retrato con sangre menstrual para reivindicar nuestra feminidad. Seguramente existan muchos otros usos y costumbres alrededor de la menstruación. Lo cierto es que, mientras la nueva mujer realice acciones que honren su menstruación y la lleven a sentirse orgullosa de ella, bienvenidos sean, pues amar su sangre y usar su fuerza para conectar con la esencia femenina es una de las más importantes medicinas que una mujer puede emplear en la sanación de la propia feminidad y de toda la humanidad.

PRÁCTICAS MÓDULO 6:
SEXUALIDAD SAGRADA

La sexualidad es una de las esferas más tergiversadas de la vida femenina, sobre todo porque se nos ha negado la posibilidad de mantener una relación con nuestro cuerpo, por ende, de tener una sexualidad sana y consciente. En este módulo propongo un test para que la joven pueda hacerse una idea sobre el estado de la relación con su sexualidad y sobre los conceptos que alberga relacionados con la sexualidad. Por otra parte se le motiva a conquistar su cuerpo y su erotismo en primera persona, como una expresión de su amor propio, a través de un ejercicio de autoerotismo.

Test

Es necesario que la nueva mujer se dedique a sentir su cuerpo más que a tener fantasías sexuales. Se dice que el órgano sexual más importante que tenemos es el cerebro, sin embargo, es a través de las sensaciones que llegamos a descubrir las profundidades de nuestra expresión sexual. Por eso proponemos un test de consulta para que las nuevas mujeres identifiquen la manera en que se relacionan con su cuerpo, con su erotismo; para que observen las creencias instaladas en su psique y las transformen en la imagen que desean de sí mismas.

Responde a las siguientes preguntas de la forma más sincera posible. No es necesario que compartas tus respuestas si no lo deseas. Lo verdaderamente importante es que identifiques tus patrones internos en relación con la sexualidad.

¿Cómo te relacionas con tu cuerpo?

- Detesto mi cuerpo y/o generalmente empleo medios extremos (quirúrgicos o de otro tipo) para hacer que mi cuerpo me resulte más aceptable.
- He llegado a dañar mi cuerpo porque no me gusta.
- A veces me siento bien en mi cuerpo, pero generalmente me critico por mi aspecto.
- Por lo general me siento bien en mi cuerpo, aunque en ocasiones critico el aspecto que tiene.
- Me encanta estar en mi cuerpo y aprecio todo lo que puede sentir y hacer.

¿Hasta qué punto te sientes cómoda tocando tu cuerpo?

- Sólo me toco cuando es absolutamente necesario.
- Me siento bastante cómoda tocándome los genitales, pero raras veces me toco por placer.
- Me doy placer o autoerotismo ocasionalmente.
- Me doy placer frecuentemente y disfruto tocándome sola y cuando estoy con mi pareja.
- No me gusta tocarme con las manos, pero me estimulo con objetos externos.

Mi familia (o familias) de origen me educó respecto a la sexualidad de manera abierta y amorosa.

- Esto no es del todo cierto.

- Esto es bastante cierto.
- Esto es principalmente cierto.
- Esto es completamente cierto.

¿Has sentido placer sexual?

- Nunca
- Pocas veces
- Generalmente siento deseo sexual

¿Cómo describirías el deseo sexual?

- Desagradable
- Sucio
- Normal
- Agradable
- Sagrado

Frente a tu deseo sexual sientes:

- Miedo
- Vergüenza
- Confusión
- Curiosidad
- Gusto

Has intentado autocomplacer tu deseo sexual?

Sí ___   No ___

Sobre las fantasías

Califica de 1 a 4 (dependiendo de la asiduidad con la que vienen estas fantasías) a tu relación sexual:

1. Habitualmente
2. Nunca
3. Poco habitual
4. Muy habitual
5. Siempre

Cuando piensas en sexo ¿qué viene a tu cabeza?

- Tu novio
- Un desconocido
- Una persona de mi propio género
- Yo misma

¿Cuando estás excitada en qué piensas, y sobre qué temas tratan tus fantasías sexuales? Responde sí o no

- Un desconocido me aborda obligándome a tener sexo _____
- Le propongo a cualquier desconocido tener sexo _____
- Un médico en su consulta se "sobrepasa"_____
- Imagino tener sexo con una persona famosa _____
- Pienso en la persona que me gusta _____
- No pienso en nada, solo siento _____
- Pienso en golpes, insultos, malos tratos _____
- En mis fantasías me prostituyo _____
- Imagino que soy una diosa a la que su pareja adora en el acto _____

- Mi compañero me trata con delicadeza ____
- Pienso en personas de aspecto agradable ____

¿Cómo eres tratada en tus fantasías sexuales? Responde sí o no

- Alguien abusa de mi ____
- Soy golpeada ____
- Soy admirada ____
- Soy respetada ____
- ¿Te gustan las palabras fuertes? ____

Ejercicio de autoerotismo

Tómate un día para ti. Al despertar, abrázate, mímate, dite cuánto te amas. Cuando prepares tu desayuno, haz para ti algo especial; coloca flores en tu mesa y come con infinito amor por ti. Luego dedícate una canción y danza, moviliza tu energía a través del baile; despierta tu vientre con masajes mientras mueves tu cadera. Luego vístete sexy como para una persona muy especial.

Coloca un espejo grande en el que veas todo tu cuerpo y baila para ti; mírate a los ojos, descubre tu alma y tu cuerpo como preciosos rubíes encarnados. Baila, coquetea, mírate con gusto y placer. Dile a la mujer del espejo cuánto te gusta: sedúcela. Empieza a acariciar tu rostro con ternura; descubre en tu piel el oasis de la dicha. Resbala suavemente las manos por tu cuello y como si nunca hubieras estado dentro de él, habítalo plenamente.

Explora cada milímetro de tus pechos con movimientos suaves y pequeños pellizcos. Hazlo con pasión, con el placer por una piel que se rinde a tu caricia. Mira en el espejo cómo disfruta esa mujer tu toque amoroso. Desciende muy lentamente por los costados; palpa tu vientre. Saluda a tu útero, agradécele por el placer que despierta en ti en ese momento. Luego desciende muy suavemente por tus caderas. Mírate al espejo, mira cómo gozas. Descubre tu pierna derecha con el roce sutil de tus manos y llega hasta tu pie. Desliza tus dedos por cada centímetro del pie; penetra entre cada dedo sutilmente, sin apuros, descubriendo ese pie como si jamás lo hubieras visto, como si nunca lo hubieras palpado, y mírate al espejo con picardía.

Ahora, con la cadencia de una buena amante, pasa lentamente a la pierna izquierda y disfruta descubrir tu gozo. Siéntate en la cama y mira todo tu cuerpo con profunda aceptación, gratitud y amor. Mírate como la bomba sexy más despampanante que hayas visto jamás. Sedúcete con la mirada y no dejes ni un minuto de tocarte.

Lentamente, muy lentamente, abre tu pierna derecha, luego tú pierna izquierda, y asciende por tus muslos hasta llegar a tu vulva. Obsérvala cómo se abre para ti: se ofrece como una bella flor en primavera. Toca lentamente tus labios mayores, amásalos con dulzura y abre los labios menores. Ahora mírate de nuevo al espejo y di que te amas. Pide permiso a tu vulva para entrar en contacto con ella. Acaricia la zona entre tus labios y toca tu vagina como mejor te guste, sin dejar de verte al espejo. ¡Eres tu mejor amante!

Coloca en tu mente pensamientos que te hagan sentir como una diosa erótica, como alguien a quien honrar a través del sexo. Entra en comunión con la divinidad que eres, entrégate al placer. Y cuando estés a punto de llegar al orgasmo, detente; retira tus manos y respira. Toma con tu respiración la energía de tu sexo. Llévala a través de tu columna vertebral hasta la cabeza; hazla girar allí, y luego, como una cascada, déjala caer hasta tu vulva para realimentar la pasión. Haz está respiración unas cinco veces y de nuevo regresa a tocarte. El placer aumentará. Cada vez irás más lejos y profundo.

Vuelve a mirarte al espejo. Coquetea, observa cómo gozas y cuánto te gustas. Interrumpe el placer cuantas veces quieras y respira. Esto alimenta tu energía sexual y te hace sentir más y más. Y cuando te sientas al borde del éxtasis, sigue mirándote al espejo y estalla entre tus manos; siente cómo palpita tu cuerpo, cómo se encienden fuegos artificiales en tu vientre. Después del éxtasis sigue tocándote, acariciándote con amor todo tu cuerpo. Continúa viéndote al espejo y diciéndote cuánto te amas.

Agradece a tu cuerpo, y sólo por este día date el gusto en todo lo que quieras: come deliciosos manjares, invítate a un helado; y cuando regreses a casa hazte el amor una vez más. Si te gustan los juguetes, úsalos; siempre avisando a tu vagina qué introducirás en ella, sean tus dedos u otro objeto. Date este día presencia, caricias, amor. Recuerda que eres una diosa teniendo sexo con la existencia, que estás orando con tu vientre en llamas. Ámate.

PRÁCTICAS MÓDULO 7: ANTICONCEPCIÓN CONSCIENTE

En este módulo dialogamos con la joven sobre las desventajas de los métodos anticonceptivos hormonales y explicamos en detalle los métodos naturales de autorreconocimiento del ciclo personal, que son de utilidad para la gestión de la propia fertilidad.

Método sintotérmico

La propuesta es que la joven ponga en práctica el método sintotérmico, que es el más completo de todos los métodos anticonceptivos naturales. Lo hará a lo largo de 6 meses, como mínimo, para que conozca en profundidad su ciclo y logre establecer en el tiempo este método como medida contraceptiva.

Para llevar a cabo este método ella debe haber superado el primer año después de la aparición de la primera menstruación, ser regular y estar sana; es decir, no presentar fiebre en el ciclo que se observa, ni tampoco infecciones vaginales que puedan alterar el aspecto del moco cervical.

Temperatura basal:
Ella deberá tomar la temperatura de su cuerpo inmediatamente después de despertarse en la mañana, sin salir de la cama y luego de haber dormido un mínimo de cinco horas continuas. Siempre deberá registrar la temperatura a la misma hora y en ayunas. Para predecir los días en que ovula, el seguimiento ha de

realizarse a lo largo de mínimo seis ciclos completos, iniciando el primer día de la menstruación y usando el mismo termómetro durante el ciclo.

Anteriormente el registro se hacía de forma manual en tablas impresas, o en una agenda, pero en la actualidad existen aplicaciones de celular o PC donde es posible llevar el registro de la temperatura, así como contar con gráficas para tener mayor claridad sobre los días de ovulación. Recomiendo usar aplicaciones como *Mi calendario*, *Ovuview*, *Proyecto Bebé*, entre otras.

Moco cervical:
Asimismo, ella deberá llevar a cabo una observación de los cambios en su moco cervical, teniendo en cuenta que al finalizar la menstruación se presentan de dos a tres días sin moco, es decir, un período seco. Después aparece un moco inicialmente blancuzco, turbio y pegajoso, que se va haciendo cada vez más claro, transparente y elástico (al estirarse entre los dedos parece un hilo). El último día del moco con este aspecto es el día del ápice del moco. Esto significa que la ovulación ya ocurrió o está ocurriendo dentro de más o menos 24 horas. En el cuarto día, después del día del ápice, comienza el período infértil, que dura hasta la menstruación siguiente.

La idea es que ella conozca con precisión sus días fértiles para que en ellos evite las relaciones sexuales, o que las tenga utilizando métodos de barrera, como el preservativo, (femenino o masculino) el diafragma y los espermicidas.

PRÁCTICAS MÓDULO 8: DIVINO MASCULINO

En este módulo hablamos sobre la faceta positiva, sana y esencial del masculino divino para que ella pueda reconocer en sí misma esta fuerza maravillosa que constituye la mitad de su constitución energética, y también para que sepa apreciar fuera de sí misma el masculino sano, y elija así un compañero armonioso.

Ejercicio para integrar el masculino

Propongo una serie de ideas y actividades con el objetivo de reconocer, activar y nutrir el masculino interior de la joven.

1. **Explora** las ideas y cuestionamientos que tengas acerca de la paternidad y de tu propio padre. Tu primera introducción al Sagrado Masculino es tu padre. Si albergas resistencias hacia él, significa que hay resistencia hacia el Divino Masculino dentro de ti. Una de las partes más importantes del proceso de entrar en tu propia esencia masculina es examinar y curar la relación entre tú y tu padre. Esto no significa que sea necesario realizar un acercamiento físico con la persona que es tu padre. Para conectar con él y sanar esta primera relación con lo masculino es necesario que las nuevas mujeres se distancien mental y emocionalmente de esta persona. De esta manera se apartan las ideas dañinas que él pudo haber transmitido; se liberan

de él y de la posible "deuda" que se crea que él, ella o la vida tienen con esta relación. Esto permitirá estar en paz y aprender (desde la ignorancia) a encontrar e incorporar el propio masculino interno.

2. **Examina** la idea acerca de la masculinidad en tu cultura y tu familia. ¿Cuáles son los roles o imposiciones de tu cultura respecto a ser hombre? ¿Las creencias acerca de lo masculino son positivas? Estos conceptos pueden variar de una familia a otra o incluso de una cultura a otra. Sin embargo, nos darán luces acerca de los conceptos que hemos incorporado sobre lo masculino y, por ende, sobre cómo es tu relación con los hombres y con tu propio masculino interior.

Algunas de las creencias que podrás encontrar son las siguientes.

Los hombres deben:

- Ser proveedores
- Proteger y defender a la mujer y los hijos
- Jugar o mirar deportes, o ambos.
- Ser responsables
- Ser fuertes
- Cazar
- Tener armas
- Ser ganadores
- Ser un esposo
- Ser un padre

- No expresar miedos u otras emociones (especialmente no llorar)
- Tener una carrera exitosa
- Ser acertados
- Poseer un lindo vehículo
- Construir o mantener valores físicos
- Estar disponibles para arreglar cosas
- Abrir la puerta a las mujeres
- Hacer levantamientos pesados
- Afeitarse el vello facial o dejárselo crecer deliberadamente
- Defenderse a sí mismo o a otros
- Mantener el cabello corto
- Ser objetivos

¿Qué partes identificas en ti? ¿Cuáles de ellas disfrutas y cuáles no? ¿Cuáles sientes que reflejan el Divino Masculino dentro de ti y cuáles lo destruyen? ¿Cuáles podríamos integrar para suplantar las creencias que percibamos como nocivas?

3. **Adopta el crecimiento en tu vida.** La energía masculina es una fuerza que brinda movilidad y dirección, avanza con paso firme hacia objetivos claros. Así, si las mujeres albergamos la energía de lo masculino, concentraremos toda nuestra potencia en una meta, no dispersándonos en la búsqueda de diferentes objetivos. Tendremos la fuerza de voluntad necesaria para asumir retos y convertir las lecciones positivas en un capital que se traduzca en acciones que nos impulsen hacia adelante.

Si te vieras desde fuera de ti, ¿qué áreas de tu vida reconoces con un claro estancamiento? ¿Qué cambio podrías implementar para avanzar en estas áreas? Es preciso estar dispuestas a cometer errores, a caminar en alguna dirección, pues el estancamiento es opuesto a la energía masculina. Es necesario enfrentar tus miedos con valentía y sin dilación; tomar riesgos, poner acción.

4. **Alimenta tu confianza.** El Divino Masculino se manifiesta sanamente como una fuerza llena de confianza que invita a la acción. No es un muro enorme como cree erróneamente la sociedad, sino más bien una ventana abierta que invita a explorar con mucha seguridad y confianza. Nuestra postura personal refleja, sin lugar a dudas, nuestro estado mental y emocional. De igual manera puedes adoptar un lenguaje corporal que te brinde confianza internamente. Mira la vida con la seguridad plena de quién eres; párate o siéntate derecha, erguida, con el pecho fuera y la mirada puesta en el camino. Condúcete con un propósito. Sé clara con tu lenguaje y tus deseos. Cesa las dudas en tu interior con la visión de lo que mereces.

5. **Manifiesta generosidad.** Lo masculino es un principio activo de dar. Toma la iniciativa cuando desees algo. Bríndate lo que deseas. No seas tacaña contigo ni con nadie. Comparte tus recursos, tanto físicos como espirituales y emocionales. No reprimas tu energía sexual ni la dilapides, más bien canalízala, expándela y hazla circular en tu cuerpo. Entrégate a sentir todo cuanto tu sensualidad tenga para ofrecerte. Canaliza esta fuerza hacia la consecución de tus deseos más puros.

6. **Alienta a otros.** Vivir aprensivas, temerosas, o estar advirtiendo permanentemente sobre posibles peligros, es una manera de suprimir tu faceta masculina. Suelta tus miedos e invita a los demás a abandonar esta trinchera infantil. Sin embargo, no intentes salvarlos. Respeta su proceso personal en la confianza plena de que su camino es el indicado. Ser la salvadora no les ayuda, más bien los limita. El masculino divino honra el crecimiento y el estímulo como expresiones sanas de la vida.

7. **Responsabilízate.** La fuerza proviene de una profunda conexión con los procesos vitales, con reconocer las decisiones y afrontar las consecuencias, sin buscar culpables fuera. Todo a tu alrededor habla de tu proceso interno. Entonces, sé artífice consciente de tu propia vida; responsabilízate de lo que piensas, sientes, dices y haces, pues estas son expresiones inmediatas de quién eres en lo profundo. Nadie puede hacerte pensar o sentir. Sólo tú, como comandante de tu barco, decides cómo reaccionar frente a los desafíos de la vida. ¡No eres una víctima! No permitas a tus pensamientos asumir esta posición. Integrar tu masculino interno implica ir en busca de tu propia superación y realización personal.

8. **Habilidad.** Elige una actividad u oficio que desees desarrollar y en el cual quieras ser una experta. Busca la excelencia en este campo. Lo importante es que tengas una motivación a través de la cual halles amor, sentido y respeto por tu propia vida. Hazlo no solamente por el placer de hacerlo, sino como una motivación para superarte; asúmelo como un reto personal hacia la excelencia.

9. **Permítete vivir tu masculinidad interna.** Identifica qué áreas de tu vida requieren de una mirada masculina; por ejemplo, ¿puedes invitar a tu pareja? ¿Puedes ser proveedora o protectora? ¿Te crees débil para equis actividad? ¿Piensas que necesitas de alguien que te cuide o ayude? Sí, tú puedes brindar todo esto sin que ello resienta tu feminidad. Ofrécete el poder, la fuerza y el valor que quizás estás buscando fuera.

PRÁCTICAS MÓDULO 9: AMOR PROPIO

MEDITACIÓN CON LA NIÑA INTERIOR

Tanto la joven como su acompañante se sientan cómodamente; la espalda recta y los pies en tierra. Lee la siguiente meditación a la joven:

Lleva la atención a la respiración: inhala y exhala profundamente en tres ocasiones.

En la próxima inhalación imagina cómo unas raíces empiezan a emerger de tus pies. Al exhalar, la energía asciende por la columna vertebral hasta salir por la coronilla (tres veces). En la cuarta ocasión las raíces se anclan a la tierra y una vez más la energía sale por la coronilla.

Ahora lleva tu a atención al corazón; imagina que te encuentras en un hermoso jardín con muchas flores y una fuente de agua. También puede ser un río o un lago, circundado por frondosos árboles. Con tu visión interna pasea por el jardín plácidamente, observando las plantas, los árboles, el cielo.

Camina hasta un hermoso árbol con rojas manzanas. En su tronco hay una abertura que parece una gruta. Te adentras en ella y ves a una pequeña niña en medio de la penumbra. La observas, te acercas delicadamente, inicias con ella una conversación. Ahora la reconoces: eres tú cuando tenías 5 años, aproximadamente.

Observa atentamente a la niña: su estado general, la confianza que te brinda, como está vestida, si puedes percibir sus emociones, etc.

Invítala a dar un paseo fuera. Caminas con ella hasta un río cercano. La invitas a darse un baño; entran en el agua y juegan juntas, se divierten.

Cuando termina el baño, van afuera. La vistes amorosamente con un precioso vestido para la ocasión; la peinas y colocar una flor en sus cabellos y la cuidas con profundo amor.

Pregúntale cómo se siente, qué ha sucedido estos años y qué puedes hacer por ella. Luego invítala a construir juntas su casa. Se ponen manos a la obra y las dos construyen la casa de los sueños de la niña. La acompañas a su habitación y le pides que te muestre sus tesoros. Dialogas con ella y le prometes que de ahora en adelante te harás cargo de ella. La vas a visitar y cuidar. Vas a atender todas sus necesidades y ya nunca más va a estar sola, porque estarás allí para ella.

Abrazas amorosamente a la niña y le dices que regresarás y que cada día, que le darás un lugar en tu vida. Te despides y sales de la casa. Desde tu corazón emites un hermoso rayo color rosa que inunda toda la casa y crea un escudo de amor y protección para la niña.

Regresas al jardín por el que llegaste. Vuelves tu conciencia a la respiración. Empiezas a mover los dedos de tus pies y tus manos, así como tus extremidades. Regresas al aquí y el ahora.

Reflexión

Dialogamos con la joven sobre la experiencia con la niña interior. Le realizamos algunas preguntas para su reflexión. Ella las responderá en la Bitácora de la Luna.

1. ¿Cómo viste a la niña?

A. Vestida

B. Desnuda

C. Descuidada

D. Feliz

E. Triste

F. Temerosa

G. Desconfiada

2. ¿La niña se mostró confiada en tu compañía o le costó trabajo hacer contacto?

3. ¿Te mostró sus tesoros? ¿Cuáles son esos tesoros?

4. Haz un recuento de los puntos más importantes de su conversación

5. ¿Cómo describirías la casa que construyeron?

6. ¿Qué compromiso adquiriste con la joven interior?

La joven deberá continuar alimentando esta relación con su niña interior saludándola a menudo, y si es posible a diario. Establecer un día para darle gusto en algo que desee la niña; puede ser jugar, danzar, pintar, dar un paseo, comer un helado, etc. Es necesario estar siempre atenta a sus mensajes y necesidades, así como mantener un contacto cotidiano con ella.

Ejercicio de autoconquista

La propuesta con el ejercicio de autoconquista es que la joven inicie una relación romántica consigo misma. Que disponga su energía, su pensamiento y sus emociones para hacer de ella una persona a conquistar. Tal como las prácticas de autoerotismo, la autoconquista se trata de saber quién es ella emocionalmente, qué le complace y qué desea en una relación, para que cuando comparta su vida con alguien cuente con experiencias previas que le den seguridad. La autoconquista también la ayudará a no depender del amor de nadie.

Para empezar, ella ha de verse con admiración, preguntarse si desea iniciar esta relación consigo misma y declararse su amor. Para empezar, la propuesta es que ella escriba un poema o carta para sí misma, en la que se asuma el compromiso de conocerla, abrazarla, escucharla, cuidarla, conquistarla y amarla para siempre, reconociendo que es la única persona que permanecerá a su lado y que puede llenar sus propios vacíos.

También habrá de dedicarse a sí misma una canción. Deberá aprenderla, bailarla y tenerla siempre a mano como su propio himno amoroso.

Tal como en una relación con otra persona esta relación consigo misma habrá de ser alimentada para que crezca y la lleve a aceptarse, amarse y conocerse mejor. Será una relación para toda la vida, ya que ella es la única persona que estará siempre a su lado.

Tener una cita o un detalle consigo misma, enviarse un mensaje de aliento, inventar mil maneras para agradarse, redundará en beneficio de la joven, aumentando su autoestima y logrando sentirse más segura.

Este compromiso abarca las facetas de madre interna, pareja, espíritu y maestra. A partir de ahora su amor la llevará a darse sólo lo mejor: mejores pensamientos, metas y privilegios. La conducirá a ser siempre prioridad para sí misma. Evolucionar es un camino sin final en el que nosotras mismas nos guiamos. Si escuchamos nuestro ser superior, sanamos, nos enseñamos y desembocamos en una mejor versión de nosotras mismas cada día.

MÓDULO X: CEREMONIA DE DESPEDIDA DE LA INFANCIA

La ceremonia de despedida de la infancia es un potente mensaje de reconocimiento y libertad en la que la psique de la joven, así como su madre o tutor, reafirman su confianza en ella y en el rito de paso. En esta ceremonia se comprometen a respetar su voz y decisiones, a reconocerla como una igual y no tratarla más como una niña.

La joven tiene ahora todas las herramientas necesarias para comprender el verdadero valor y sacralidad de la condición femenina. Conoce los poderes de su cuerpo y de sus ciclos. Sabe cuidar su menstruación y respeta su erotismo como una expresión sagrada de sí misma. A partir de entonces, en una profunda relación con su naturaleza de nueva mujer logrará cimentar un vínculo de amor compañero con alguien más.

La ceremonia puede ser realizada para varias jovencitas y sus madres o tutores a la vez.

Para realizar la ceremonia de despedida de la infancia necesitarás:

- Una foto de la joven y la persona que dirija la ceremonia
- Elementos del altar (agua, vela, incienso, piedras, semillas, frutas, flores, etc.)
- Bitácora de la Luna
- Mapa bitácora lunar (pág. 24)
- Caja de la infancia llena

- La lista de creencias en torno a la mujer que hayamos detectado
- Hojas blancas
- 1 Lapicero por persona
- Carta de la acompañante
- 2 cuarzos rosa por persona

En este día prepararemos un altar en honor a la nueva mujer. Lo ideal es realizar la ceremonia en medio de la naturaleza. Empezaremos agradeciendo a la vida por este rito de paso que hoy cerraremos; por la infancia de la joven y por todas las experiencias compartidas con ella a lo largo de su vida. Tanto la joven como la persona que le acompaña aportarán todo lo que se ha compartido a lo largo del rito de paso. Si ella ha elegido una canción en el ejercicio de autoconquista, la entonamos. Ésta no debería ser una ceremonia seria y circunspecta, más bien una fiesta para celebrar la vida.

Actividad 1: Mapa de la Bitácora Lunar

En nuestro segundo encuentro expusimos a la joven la idea de hacer un seguimiento a su propio ciclo a lo largo de tres meses. En este momento, junto con los apuntes de su bitácora, realizaremos el mapa de la Bitácora Lunar, donde quedarán plasmadas las emociones y demás aspectos de sus ciclos que ella ha reconocido como habituales y que le ayudan a cabalgar a lo largo de su vida. Este ejercicio lo hace cada jovencita con su acompañante, si ella desea, en caso contrario lo hace sola.

Actividad 2: Creencias sobre ser mujer

Se trata de un proceso de transformación de las creencias en torno a la mujer que hemos empezado a reunir en nuestro segundo encuentro. Es probable que hayamos detectado una gran variedad de creencias en torno a lo femenino. La idea es detectar esas creencias *capitales*, que de alguna manera definen el ser mujer, las revisemos y transformemos hacia una visión más positiva y empoderada de sí misma. Este ejercicio se hace en parejas, no necesariamente con quien acompaña a la joven.

Actividad 3: Meditación

La idea de esta actividad es realizar una unión del útero de la joven con el de su madre o persona que la acompañe. Ella debe percibir la unión que existe entre todas las mujeres del mundo a través de sus úteros. En caso de que haya algún acompañante masculino, la conexión se hará entre la próstata de él y el útero de la joven.

Nos distendemos con la columna recta, sin cruzar brazos ni piernas, y con un cuarzo rosa sobre el útero y el otro sobre el corazón de las dos (madre e hija). En el caso de que sea un hombre el que realice el acompañamiento, colocará un cuarzo sobre su corazón y el otro en la ingle.

Conexión uterina madre/hija/tierra/humanidad

Lleva la atención a tu respiración. Siente el aire entrando y saliendo de tu cuerpo (3 veces). Haz una inspiración profunda y al exhalar imagina cómo de tu útero (mujeres) o perineo (hombres) empieza a emerger una raíz que se adentra en la tierra.

Continua inspirando y al exhalar se extienden las raíces en tierra. Realiza esta respiración un total de 7 veces, y al final de la última exhalación, las raíces se anclan a la tierra.

En la próxima inhalación toma la energía a través de tus raíces y hazla recorrer tu columna vertebral hasta exhalar por la coronilla, generando un haz de energía que crece hasta el cielo. Realiza varias respiraciones así. En la última exhalación te anclas al cielo.

Con intención, fija tu conciencia y atención en tu útero (próstata en hombres), te visualizas dentro de una gran gruta, te sumerges en ella, la recorres completamente, con lentitud, y observa si sientes en alguna parte dolor, rigidez o incomodidad. Si es así respira en esa zona para expandir el área hasta que desaparezca la sensación.

Siente el palpitar de tu útero, percibe su movimiento. Intenta percibir si es acompasado y libre o si se encuentra rígido; si ves algún color o vienen a tu mente personas o recuerdos. Observa y deja pasar.

Inhala mientras desde el techo de la caverna se cuela una hermosa luz dorada. Esta luz te reconforta. La inhalas y la haces girar en el útero (o próstata), sintiendo profundamente esa energía que te renueva y fortalece. Exhala por las raíces entregando a madre tierra toda posible desarmonía per transformarla.

Habita conscientemente tu útero. Recorren toda su extensión y dile:

"Te reconozco como el templo de la vida y de mi poder creativo

Te honro con profundo amor y te agradezco por el maravilloso trabajo que haces por mí"

Escucha, percibe, siente tu útero (o próstata). Presta atención a los mensajes que te brinda y que pueden presentarse en forma de palabras, sensaciones, emociones, imágenes, etc.

Déjate absorber por la luz en el techo de la caverna y a través de ella llega a tu corazón. Una vez más, reconócelo, siéntelo, observa cómo se encuentra: si está relajado, festivo u oprimido. Percibe todas las sensaciones que emergen de tu corazón y dile:

Reconozco y honro la fuerza y sabiduría que viven en ti
Agradezco tu presencia y tu labor que me permiten seguir con vida.

Escucha atentamente las sensaciones que vienen de tu corazón. Pueden presentarse en forma de palabras, sensaciones, emociones, imágenes, etc. Presta atención a los mensajes que te brinda el corazón.

Ahora observa cómo los cuarzos que se encuentran en nuestro útero y corazón empiezan a emanar una potente luz rosa que inunda a estos dos órganos. De nuestro corazón emerge un hilo que se profundiza en el útero. Desde el útero un hilo cierra el círculo uniéndose al corazón, estableciéndose así una doble vía de nutrición y unión. Inhalamos esta luz rosa, y con la exhalación estos hilos descienden a través de nuestras raíces y se sumerge en la tierra. Allí se encuentra con las raíces de nuestra madre o la persona que esté acompañándonos. La joven y su madre, en consciencia, descienden por sus raíces del hilo rosa del cristal y una vez más entran en el útero de la gran madre tierra. Allí sus raíces se encuentran entrelazadas.

Inhala sintiendo el amor y el arrullo de este vientre que es tu hogar. Siente la unión amorosa que permanecerá por siempre. Reconoce que esta unión es la misma que sostiene a todas las mujeres del mundo a través de nuestras raíces, úteros y corazones. Esta conexión profunda con la tierra es la que permite crear la vida, y la honras al permanecer en unidad.

Agradecemos al útero de la madre por dar la vida de esta joven al mundo, y damos gracias al útero de esta joven por la continuación de la vida en el planeta. Allí, en el vientre de madre tierra, puedes percibir la potencia de este centro creador. Reconocemos que toda la humanidad es una, una gran hermandad que es necesario amar y fortalecer.

Inhala, y al exhalar inunda con profundo amor la tierra, el útero y la mujer que te ha dado la vida. Inhala, y al exhalar siente un infinito amor por tu propio útero como centro de conexión y amor.

Inhala y exhala tres veces, fortaleciendo la conexión entre el útero y el corazón. Inhala y exhala tres veces, reconectando tus propias raíces con la hermandad femenina de toda la raza humana. Inhala, reconociendo el poder creador que habita tu vientre, y al exhalar lleva esa potencia a tu centro del corazón (3 veces). Inhala, y ve cómo la luz amorosa que emerge de tu propio corazón baña tu vientre llenando todas tus creaciones de puro amor (3 veces). Placer y amor unificados para crear y expandir la vida.

Aún en el interior de la tierra, imagina cómo llegan todas las ancestras de tu clan femenino (también si es un hombre el que acompaña). Agradece a tu madre por la vida y a la vida por tu feminidad. Luego fúndete en un abrazo con todo tu linaje, es decir, abraza la vida. En una danza todas dan la bienvenida y bendición a la nueva mujer al clan, y la abuela más antigua corona a la joven.

Despídete de tus ancestras y de nuevo regresa a través de la luz rosa del cuarzo. Llega primero a tu útero, que ahora se encuentra bañado por esta hermosa luz rosa de amor y sanación. Permanece un momento en él, que es tu centro, y observa cómo han cambiado las emociones y sensaciones allí dentro. Despídete de tu útero con infinito amor y gratitud, con la consciencia de que es tu hogar y con el compromiso de regresar siempre a él para buscar sabiduría, luz, amor, fuerza y sanación.

Asciende ahora hasta tu corazón, que también se encuentra bañado por esta amorosa luz rosa. Siente la plenitud y gratitud en este espacio. Despídete de tu corazón y regresa a la conciencia de tu respiración, sintiendo el aire que entra y sale de tu cuerpo.

Empieza lentamente a mover los dedos de tus pies y manos. Estírate y cuando te sientas lista, regresa al aquí y el ahora, y abre los ojos.

Actividad 4: Reconocimiento (entrega de la carta)

La persona que acompaña a la joven escribe una carta en la que la reconoce como una igual. Se trata de un reconocimiento de su autonomía y de su poder para llevarse hacia la mejor versión de ella misma. Será una entrega de confianza total en la vida y en las decisiones de ella como mujer. A su vez, será un compromiso del guía a respetar la voz y las experiencias de la joven, así como un impulso para que ella logre su independencia emocional y financiera. La madre o acompañante entrega la carta a la joven y ella la lee.

Actividad 5: La carta de autoconquista

En el módulo 9 la joven debía escribir una carta de amor para sí misma, deberá leerla en voz alta (si lo desea) como parte del compromiso de amarse. Madre e hija se mirarán a los ojos, con una mano en el corazón de la otra, y se dirán: "Te reconozco, te acepto, te amo".

Actividad 6: Caja de la infancia

La caja de la infancia representa para la joven la etapa que está finalizando en su vida. Son años de experiencias y aprendizajes de los que se despide con infinita gratitud, pues estas son las bases de la mujer en la que se está convirtiendo. Porque, aunque ahora simbólicamente las despida, como una forma de enviar un mensaje al subconsciente de que este período terminó, vivirá para siempre dentro de ella como un gran tesoro.

La caja de la infancia puede quemarse, enterrarse o regalarse, según como lo sienta la joven. Ella misma hará esta despedida simbólica con determinación y muchísimo amor, pues es a partir del vacío que ella podrá construir su nueva identidad.

Actividad 7: Círculo de palabra

En este momento los presentes tomarán la palabra por turnos para compartir los saberes adquiridos. Hablarán de cómo las prácticas han cambiado la visión que la joven tenía de sí misma, y de cómo se siente ahora al respecto. Las madres, acompañantes y quien dirija la ceremonia, también dirán cómo se sienten respecto al proceso llevado adelante con la joven.

Cierre

En el cierre podemos hacer un brindis, una danza, un canto, o simplemente un abrazo a través del cual se selle el rito de paso como la fiesta que es. A partir de ese momento se podrá dar paso a compartir los alimentos que ella (la joven) bendecirá con una oración.

***

Mi experiencia al llevar a cabo este rito de paso con jóvenes de diferentes países ha sido sumamente satisfactoria, por una parte porque veo la seguridad que las prácticas brindan a la joven al llevarla a ser la dueña de su cuerpo y sus emociones. De igual manera, cuando el rito se realiza con la madre, la relación entre las dos cambia, madura, se hace más profunda, hay una comprensión vasta de lo que significa ser mujer por parte de las dos y se ven con profundo respeto, aceptación y amor.

Este rito de paso cambia la precepción de las jóvenes sobre sí mismas y sobre la vida, cambia también la relación de su familia con ellas, dándoles mayor seguridad y confianza, sabiendo que ahora tiene las herramientas necesarias para enfrentar la vida adulta.

Sueño que muchas jóvenes del mundo vivan el paso de niña a mujer con un acompañamiento que las empodere y constituya las bases para su vida adulta. Sin lugar a dudas, este recorrido juntas ha dado una gran conciencia a la joven, pero nuestra actitud de ahora en más será determinante para brindarle seguridad y autoestima.

La vida misma le traerá nuevas experiencia y pruebas a través de las cuales ella se hará consciente de su propia grandeza y amor.

El mundo precisa de nuevas mujeres y hombres que se desarrollen en conciencia, que busquen las respuestas en sí mismos y que logren convertirse en guías, maestros y medicina para sí mismos y para las nuevas generaciones. Sin temor a equivocarme, entiendo que la vida de la raza humana depende de este amor y conciencia, de la unión de los géneros y la superación del patriarcado.

Si lo deseas, podrías contactarme a mi mail: matrizenflor@gmail.com para organizar formaciones de maestras o acompañamientos personalizados para grupos o familias, así como guiar vuestras ceremonias de rito de paso. También podrías visitar mi página **web www.matrizenflor.com** para descargar algunos recursos en audio de las prácticas descritas en el *Manual de Prácticas.* De antemano gracias por dar la oportunidad a las nuevas generaciones de apreciar el verdadero sentido de ser mujer y vivir su feminidad en amor y sacralidad.

www.ingramcontent.com/pod-product-compliance
Lightning Source LLC
Chambersburg PA
CBHW061251140726
47998CB00006B/2194